Pedagogia da TRANSGRESSÃO

UM NOVO OLHAR SOBRE A EDUCAÇÃO

Maria Luiza Silveira Teles

Pedagogia da TRANSGRESSÃO

UM NOVO OLHAR SOBRE A EDUCAÇÃO

DIREÇÃO EDITORIAL:
Marcelo C. Araújo

COMISSÃO EDITORIAL:
Avelino Grassi
Edvaldo Araújo
Márcio Fabri

COPIDESQUE:
Thiago Figueiredo Tacconi

REVISÃO:
Ana Aline Guedes da Fonseca de Brito Batista

DIAGRAMAÇÃO:
Érico Leon Amorina

CAPA:
Erasmo Ballot

© Ideias & Letras, 2014.

EDITORA
IDEIAS&
LETRAS

Rua Diana, 592
Cj. 121 - Perdizes
05019-000 - São Paulo - SP
(11) 3675-1319 (11) 3862-4831
Televendas: 0800 777 6004
www.ideiaseletras.com.br

Dados Internacionais de Catalogação na Publicação (CIP)
(Câmara Brasileira do Livro, SP, Brasil)

Teles, Maria Luiza Silveira
Pedagogia da transgressão: um novo olhar sobre a educação / Maria Luiza Silveira Teles.
São Paulo, SP: Editora Ideias e Letras, 2014.

ISBN 978-85-65893-34-3

1. Educação - Filosofia I. Título.

13-03880   CDD-370.1

Índices para catálogo sistemático:
1. Pedagogia da transgressão: Educação:
Filosofia 370.1

Eu tô aqui pra quê? Será que é pra aprender?
Ou será que é pra aceitar, me acomodar e obedecer?
(...) Decorei, copiei, memorizei, mas não entendi
Quase tudo que aprendi amanhã eu já esqueci
(...) Mas o ideal é que a escola me prepare pra vida
Discutindo e ensinando os problemas atuais
E não me dando as mesmas aulas
que eles deram pros meus pais
(...) Vocês tratam a educação como um negócio
Onde a ganância, a exploração e a indiferença são sócios
Quem devia lucrar só é prejudicado.

Estudo Errado - Gabriel O Pensador

É proibido não procurar
Não importa o que se vai encontrar
(...) Anda
Não tenhas medo
Transgrida

Jorge Ponciano Ribeiro (2006)

Dedico esta obra ao meu grande amigo,
Miguel Almir de Araújo,
um dos maiores educadores desse país.
Ele é, praticamente, meu parceiro nesta obra,
pois foi em cima de muitas de suas reflexões que a criei.

ÍNDICE

Conversa com o leitor 13

CAPÍTULO I – educação da sensibilidade 23

CAPÍTULO II – a sociedade normótica 29

CAPÍTULO III – o olhar, o escutar, o falar 35

CAPÍTULO IV – educação do encantamento 39

CAPÍTULO V – contra a educação castradora 45

CAPÍTULO VI – transgredindo
         parâmetros caducos 51

CAPÍTULO VII – a educação libertadora 61

CAPÍTULO VIII – educação e sonhos 65

CAPÍTULO IX – educação como
         processo de alquimia 69

CAPÍTULO X – a celebração da vida 75

CAPÍTULO XI – educação do garimpar 79

CAPÍTULO XII – pedagogia do amor 83

CAPÍTULO XIII – educação como expansão
da consciência 91

CAPÍTULO XIV – escutando o educando. 95

CAPÍTULO XV – o papel dos alunos. 99

CAPÍTULO XVI – projeto político-educacional . . 103

CAPÍTULO XVII – soluções 119

Referências Bibliográficas e Fontes de Pesquisa. . . . 131

CONVERSA COM O LEITOR

Dizia Nietzsche: "De tudo o que está escrito, eu amo somente aquilo que o homem escreveu com o seu próprio sangue". E, lembrando um grande educador nacional, Rubem Alves, ele pontua que "é preciso ter a coragem de falar na primeira pessoa, dizendo com honestidade o que vimos, ouvimos e pensamos. Escrever biograficamente, sem vergonha".

É isso o que faço nesta obra. Eu a escrevo com o meu sangue e não sinto vergonha de falar em primeira pessoa. Dei aula particular dos dez aos dezoito anos: Português, Matemática, Inglês e Latim. Quando os filhos iam para a segunda época – coisa desconhecida hoje em dia – os pais sabiam: levar para minhas aulas era garantia de passar. Tanto fazia o jovem precisar de 60, 70 ou 100. Eles passavam e jamais esqueciam-se de mim. Levaram pela vida o amor e a gratidão que sentiam por minha pessoa. E eu ainda hoje, já na terceira idade, lembro-me do nome de muitos.

Eu nada conhecia de teorias pedagógicas: Didática, Psicologia, Filosofia ou Sociologia. Não sabia quem era Freud, Kurt Lewin, Rogers, Perls, Marx, Popper, Rousseau, Piaget, Vygotsky, Nietzsche, Hobbes, Hume, Kierkegaard, Wittgenstein... Não sabia o que era objeto (no sentido científico, é claro...), categoria etc. Desconhecia o poder da linguagem, que transmite uma cosmovisão. Nada sabia da escola como aparelho ideológico do Estado, de classes dominantes, de mecanismos de reprodução, de superestruturas etc. Apenas tinha muito amor pelo ser humano, pelo conhecimento e adorava ensinar. Aquilo era para mim um prazer, prazer esse que levei pela vida afora.

Aos quinze anos, sem nunca ninguém ter me ensinado nada sobre o assunto, fui alfabetizar alunos de pés descalços, em escola sem teto. Quando não pude continuar pela prepotência de uma diretora que queria me obrigar a passar de ano os mais velhos e deixar para trás os mais jovens, que liam e escreviam corretamente, a turma inteira me abraçou e chorou.

Nada sabia do método global ou outro qualquer, mas meus alunos aprenderam a ler e escrever em pouco tempo e me amavam profundamente. Nunca, durante toda a minha vida, pude esquecer aquela cena da despedida. Mas, naquele momento aprendi algo importante: a educação não dependia apenas do meu amor, do meu conhecimento, dos meus ideais. Havia uma estrutura cruel que tinha o poder de me esmagar.

Depois, aos dezesseis anos, em uma cidade onde quase ninguém sabia falar inglês, tornei-me professora oficial da disciplina em vários colégios.

Tive que fazer, como ouvinte, um curso dado pelo Ministério da Educação. Cheguei num dia em que havia prova de Didática do Inglês. O professor explicou-me que não havia necessidade de eu fazer a prova já que era apenas uma ouvinte. Mas, resolvi fazê-la e entregá-la ao professor. No meio de professores antigos, muitos com mais de vinte anos de magistério, fui a única a não cometer um só erro e ganhar a nota cem, para grande espanto do professor que, além da nota, escreveu-me um recado elogioso em que dizia que nasci para ensinar.

Já na Faculdade, no meu terceiro ano de Pedagogia, era monitora de Psicologia e Sociologia, por causa da precariedade em encontrar professores habilitados. Nós éramos um grupo pequeno de jovens, quase todos na faixa dos vinte anos que, esquecidos de nós mesmos ou de ganhos financeiros, dávamos o nosso sangue para construir o que é, hoje, uma universidade de renome. Alguns de nós têm seus nomes em placas que lá estão, mas ninguém da geração atual sabe quem fomos nós.

Quando me aposentei, não suportei ficar sem a sala de aula. E aí, levada por meus livros, passei a ser professora-visitante por todo o país.

Claro que, em todos esses anos, aprendi muito e sou profundamente grata a alunos e professores que fizeram de mim a pessoa que sou.

Tenho a pretensão de que esse seja meu último livro sobre educação. O leitor pode se perguntar: por quê? Porque, sem perder a esperança e a fé no ser humano, estou profundamente desiludida com o que chamam hoje de educação. Mas, a nossa educação não vai bem? O número de alunos nas escolas não tem crescido? Os professores não estão sempre sendo reciclados? O número de analfabetos não decresceu? O PDE não está aí em plena expansão?

A educação pode reproduzir uma sociedade ou transformá-la. E essa que aí está só se preocupa com o processo de reprodução. A nossa escola é uma farsa.

Antes de mais nada, não existe uma única educação no país, respeitando o direito de igualdade para todos. Existem tipos diferentes de educação: uma para aquelas crianças limpinhas, cheirosas, com um farto material, aulas de inglês, balé, informática e judô, fazendo parte do currículo; e aquela das crianças mirradas, com famílias desestruturadas, vocabulário diferente do que vai ser usado pela professora, pelo diretor, pelos "especialistas" em educação, com um parco material, professores insatisfeitos e prédios decadentes e malcheirosos. E os educadores onde foram parar? Porque professor é uma coisa e educador é outra. Os educadores, pessoas que amam o ser humano, que aspiram por vê-lo crescer, têm paixão pelo que fazem, não dissociam a disciplina que ensinam dos valores a serem transmitidos e possuem uma postura ética que, por si só, incentiva os alunos a se comportarem e amarem o conhecimento. Por onde andarão? Recorrendo novamente a Rubem Alves, um verdadeiro educador, ele clama:

> *Educadores, onde estarão? Em que covas terão se escondido? Professores há aos milhares. Mas professor é profissão, não é algo que define-se por dentro, por amor. Educador, ao contrário, não é profissão: é vocação. E toda vocação nasce de um grande amor, de uma grande esperança.*

O que vemos são professores ganhando mal, infelizes, com medo dos alunos e de seus pais. Tenho visto escolas com polícia na porta e professores que são maltratados pelos alunos e, muitas vezes, até ameaçados de morte.

O professor é um funcionário das instituições, (...) especialista em reprodução, peça num aparelho ideológico do Estado. Um educador, ao contrário, é um fundador de mundos, mediador de esperanças, pastor de projetos.

ALVES, Rubem, 1989, p. 29.

Vamos pensar em suas palavras: "fundador de mundos", aquele que acredita que um outro mundo é possível e transmite essa fé para seus alunos; "mediador de esperanças", aquele que não mata os sonhos de seus discípulos, mas os incentiva, mantendo acesa a chama da esperança; "pastor de projetos", aquele que supervisiona, que ajuda a concretizar os conhecimentos que transmite, transformando-os em algo prático, numa realidade viva na vida de seus pupilos; aquele que anda lado a lado com eles, ajudando-os a concretizar seus sonhos, fazendo da sala de aula um verdadeiro laboratório.

Como diz Augusto Cury, em seu livro "O vendedor de sonhos", deveríamos dar "coragem para os inseguros, ousadia para os fóbicos, alegria para os que perderam o encanto pela vida, sensatez para os incautos, críticas para os pensadores" (2008).

Em meus cursos pelo interior tenho lidado com alunos de pós-graduação inteiramente analfabetos. Eu considero analfabeta aquela pessoa que não sabe interpretar ou mesmo descrever o que lê e daí fazer inferências. E essas pessoas vão atuar, ou já estão atuando, como profissionais.

Eu discordo profundamente dessa sociedade normótica que aí está, que só vê o indivíduo em função do que ele pode render. A pedagogia que prego, pois, só pode ser uma pedagogia de transgressão. Transgressão da "ordem constituída", que privilegia alguns e deixa outros sem oportunidades. Transgressão à ignorância, à discriminação, ao preconceito, à falta de gentileza e respeito.

> *Aceitar como paradigmático o jogo da educação para a integração social significa aceitar como um valor positivo a sociedade no qual o educando deverá ajustar-se. Nesse caso aceitamos que a ordem social vai muito bem.*
>
> ALVES, 1989, p. 86.

E não é isso o que penso. Provavelmente meu discurso seja um discurso perigoso e amedrontador, pois voltando a Rubem Alves, ele tem em uma de suas extremidades a louca visionária e na outra a poetisa.

Tivemos o movimento da Escola Nova, da educação libertadora, bancária, tecnológica, humanista etc. Agora, acredito que só uma pedagogia da transgressão pode salvar a educação.

> *E eu pensaria que o acordar mágico do educador tem então de passar por um ato de regeneração do nosso discurso, o que, sem dúvida, exige fé e coragem; coragem para dizer em aberto os sonhos que nos fazem tremer.*
>
> ALVES, ibid., p. 27.

Voltando a Nietzsche, ele diz:

> *Vós sois estéreis. Esta é a razão porque não tendes fé. Mas todos aqueles que tiveram de criar tiveram também seus sonhos proféticos e sinais astrais – e fé na fé.*

Voltando a citar Augusto Cury, ele comenta em um trecho do livro supracitado: "no templo do conhecimento, na universidade, falta tolerância, estímulo a rebeldia do pensamento e uma dose de loucura para libertar a criatividade" (p. 42).

Eu, embora me aposentando da escritura pedagógica, continuarei acreditando na humanidade, na superação de uma ordem social injusta e numa educação verdadeiramente nova em que o aluno seja realmente o centro de todos os objetivos, em que a relação educador/educando seja um terreno fértil de amor, sonhos, utopias, respeito, prazer, esperanças, vida intensa e realizações. Acredito, como diz o Prof. Dr. Marcos Ferreira Santos no prefácio do livro *Os sentidos da sensibilidade*, de Miguel Almir Araújo, que a prática pedagógica será

> *carinhosa e prenhe de ternura, de ações fraternas em direção a autonomia, autogestão e autopoiese das pessoas concretas e em carne e osso, angústias e sonhos, em sua mais radical policromia* (2008, p. 12).

Acho que o leitor, numa altura dessas, já deve ter compreendido qual a nossa proposta: transgredir todo o sistema caduco que ainda impera na educação.

Transgredir a postura autoritária de muitos professores; métodos obsoletos; uma política educacional reprodutiva de uma sociedade injusta; qualquer tipo de discriminação; passividade do educando; falta de diálogo; falta de ligação entre a teoria e a vida cotidiana; falta de ética; castração; o saber baseado unicamente no pensamento cartesiano; a falta de sensibilidade;

a autoridade domesticadora; a mediocridade; a falta de oportunidade para tantos; a exclusão do indivíduo, seja por que motivo for; a subjugação; a falta de sonhos, utopias e paixões; o ensino chato, sem sabor de ludicidade; a falta de inteireza da pedagogia anti-vida; a pedagogia baseada em anti-valores que incentivam a competição amoral do vale-tudo; meios ilícitos justificando os fins da ganância; a pedagogia de gabinete; a educação manobrada pelos donos do poder, que em seu egoísmo, não pensam no bem comum, mas apenas no bem próprio; a educação sem amor; a arrogância e distanciamento daqueles que se dizem educadores. Transgredir a pedagogia que não faz da escola o laboratório onde ideias novas vicejam e desabrocham. Lembram-se de Lya Luft, quando diz: "pensar é transgredir"? Quando se quer ensinar o indivíduo a pensar por si mesmo, sem negar sua sensibilidade, intuição, imaginário, que pedagogia é essa? Pedagogia da Transgressão.

Enfim, o meu objetivo aqui é tentar levar o educador a pensar e praticar uma pedagogia realmente promotora da alegria do saber, da inteireza do ser e do desenvolvimento de instrumental para uma sociedade melhor, mais justa, fraterna, verdadeiramente democrática.

Como diz Maria do Céu Ferreira:

> *Para os céticos, que visualizam a educação como produto programado e resistem à pedagogia crítica, há premência de uma nova visão que assegure maior sintonia de cada indivíduo com sua natureza interior, com os seres humanos entre si e desses com os outros seres da natureza.*

FERREIRA, 2003, p. 22.

Ela ainda pontua:

> *buscando encontrar caminhos para uma prática mais humana, mais ágil, menos míope e preconceituosa, perpetuadora da racionalidade mecanicista vigente.*
>
> FERREIRA, 2003, p. 26.

Como educadora há cinco décadas, venho sentindo o fracasso da educação atual, com um misto de tristeza e desilusão. Entretanto, sem jamais perder a esperança, como já deixei claro, que me move a gritar, a questionar e a deixar registrado em minha escritura o ideal que nunca morrerá em minha alma. Acredito numa pedagogia que agudize e refine a sensibilidade, como "condição para todo o conhecimento" (SANTOS, Marcos Ferreira, ibid., 2008), numa intelecção amorosa, com "exercícios lúdicos, na sinergia, na simpatia e na empatia das rodas, danças, cantigas, brinquedos populares, recursos imagéticos das fotografias, filmes, desenhos, pinturas, fábulas, (...) em sua reflexão sensível, fruição e celebração com sentidos pregnantes (Idem, 2008). Acredito que o educar, como mostrarei adiante, implica em práticas educativas de cunho libertário e que traduza

> *os espantamentos das paixões que movem, e dos silêncios e ruídos que "nos" atravessam e desafiam nas trajetórias do "ser-estar-sendo-com" no mundo vivido/vivente.*
>
> ARAÚJO, Miguel, 2008, p. 17.

Passo, pois, a discutir, usando, principalmente, como inspiração, os versos de cordel e as teses do grande educador baiano, Professor Dr. Miguel Almir Lima Araújo, a educação com seus problemas, e fazendo sugestões para que ela possa melhorar e construir um novo homem mais ético, sensível e feliz.

–CAPÍTULO I–

EDUCAÇÃO DA SENSIBILIDADE

Sócratres já usava na sua práxis pedagógica dois métodos que, hoje, mais do que nunca, mostram-se verdadeiros e funcionais: a busca do autoconhecimento e a maiêutica, ou seja, o ato de levar a parir. Nesse caso, as potencialidades.

Nós estamos nascendo e morrendo a cada dia, porque para crescer e frutificar é necessário que a semente morra. Isso significa que somos um projeto inacabado e de potencial infinito. Assim, é necessário que morram o autoritarismo e a pura masturbação intelectual para que venha à luz tudo que o homem tem de bom em seu inconsciente coletivo.

Estamos, portanto, num vir a ser constante, em sinergia com todo o universo, cuja única lei da qual temos certeza absoluta é a da eterna mudança.

Tudo que não muda morre, cristaliza-se e, depois, sua energia transforma-se em algo novo e diferente.

Não acredito que aquilo que mais caracteriza o homem seja seu raciocínio, sua capacidade de pensar de forma abstrata, hipotética e dedutivamente. Para mim, a característica principal do ser humano reside em sua capacidade de amar, que implica saber cuidar, acolher, perdoar, compadecer-se, ter empatia, ternura, compartilhar, interagir, cooperar.

É de sua sensibilidade que nascem as mais belas criações, em qualquer área.

Diz Krishnamurti que:

> *Para ser inteligente necessitas de extraordinária sensibilidade. Só pode haver sensibilidade quando o corpo é sensível – a maneira de observar, de ver, de sentir* (1999, p. 27).

Ensinar a pensar, que é muito importante no processo de conhecimento, não é o bastante. Necessário se faz liberar a sensibilidade do ser para que ele seja capaz de criar, construir e amar. Citando o professor Araújo:

> *(...) os saberes não se constituem, em sua acepção mais radical (de raiz), de áreas ou disciplinas estanques, mas se entrelaçam mediante as intensidades das teias que os entrelaçam e os coimplicam ontologicamente na afirmação dos sentidos humanos primordiais – o horizonte da sabedoria"* (ibid., pp. 18-19).

Continuando:

> *(...) sensibilidade (...) como estado de disposição, de abertura pregnante e anímica de nosso ser sendo para compreender e vivenciar as intensidades e a multiplicidade dos tons que compõem o estar sendo no mundo com os outros, com radicalidade e vastidão. Estado de disposição que coimplica o espectro apolíneo, o senso noético (pensamento), e o espectro dionisíaco, o senso afeccional (afecções), como polaridades interpolares que interpenetram-se na constituição da inteireza híbrida da tragicomicidade do existir humano. Sensibilidade como estado de abertura vasta dos sensos perceptivos que nos comove para a plasticidade dos fenômenos do existir, de seus fluxos tensoriais; para a fruição do mundo, da anima mundi (alma do mundo). (...) uma sensibilidade que se traduz na expressão e na fruição da policromia dos*

feixes da poeticidade do existir e do coexistir humano e ecos-
sistêmico – uma ecossensibilidade (ibid., pp. 20-21).

Hoje, vivemos numa sociedade doente em que o considerado "normal" é aquele que produz muito, ambiciona muito, é consumista compulsivo, não pensa senão com uma função utilitária imediata, vive encolhido e preso na muralha de sua couraça emocional que o impede de "sentir" para não sofrer.

O processo educacional que começa no lar, desde muito cedo, mostra à criança o significado da primeira palavra que ela deverá aprender para suportar viver nesse tipo de sociedade: "não". Nada lhe é permitido porque as casas são feitas em função da vida dos adultos.

O "pode", "não pode", o "certo", o "errado", o "mal", o "bem", reforçados pela Escola e pela Religião vão criando um mapa de como deve ser a visão de mundo do indivíduo em desenvolvimento e como ele deve comportar-se. Enfim, a criatura humana, o ser mais extraordinário do universo, vai moldando-se e aprendendo a mentir, a conter-se e a se policiar.

Sua musculatura, de tanto se contrair, vai enrijecendo, criando pontos de energia dolorosos no corpo, a que chamamos de pontos emocionais.

Acredito que fomos feitos para a felicidade. A vida é uma viagem, uma aventura, com seus momentos turbulentos, às vezes, pois, como uma moeda, ela tem as suas duas faces.

Se o mundo é habitado por tanta gente triste, deprimida, estressada, agressiva, infeliz, alguma coisa está errada. Como Roberto Crema, em suas palestras, costuma repetir:

> *Feliz o que ainda tem capacidade para deslumbrar-se, chorar, entrar em pânico, ser "'louco'" diante desse mundo caótico, cheio de maldade, guerra, injustiças etc. Esse ainda tem salvação.*

"Bendita loucura", como ele diz, porque esse ainda é humano, capaz de transformar-se e transformar o planeta. Esse ser ainda não perdeu sua capacidade de sentir.

O que vem a educação fazendo até hoje? Tem, de fato, ensinado os indivíduos a pensar, a sentir, agir, conviver, buscar o conhecimento e criar com alegria?

A Família e a Religião têm levado a instauração da paz, da harmonia e do equilíbrio nos seres humanos?

Estruturas arcaicas, que não levam ao Bem, devem ser destruídas para colocarmos em seu lugar valores primordiais para a humanidade, como o respeito — que nada tem a ver com medo, autoridade e obediência — a justiça, a fraternidade, a equidade, o amor.

É desses valores que haverá de surgir um novo homem, uma nova humanidade, uma nova Terra. A Terra prometida, "onde jorrarão o leite e o mel" nada mais é que o coração humano pacífico, amoroso e feliz.

Quero chamar a atenção dos educadores para o fato de que não estou pregando a desordem ou a libertinagem. Desde cedo, o ser humano tem que compreender que a vida em sociedade exige limites e esses limites devem ser inculcados durante o processo educativo, mas sua fonte não pode ser, em hipótese alguma, a agressividade, o preconceito ou a simples repressão.

Diz Araújo, o educador-poeta:

Na urdidura desses versos
uns desafios vou decantar
abordando o mote educação
como ação viva de partejar
nossa sensibilidade criante,
cultivando o sentir, o pensar.

Jamais conseguirei esquecer do ar de deslumbramento, alegria, excitação de minha neta diante de cada nova descoberta com que ela depara-se na vida: uma plantinha que nasce, uma joaninha, um gato ou um cachorro que acabaram de ver a luz do dia; tudo a encanta. Tudo é um milagre, tudo é cheio de beleza! Ela me mostra o arco-íris, a chuva batendo na janela, o orvalho, as flores e me manda prestar atenção no perfume da dama-da-noite em sua casa. E aprendeu a falar um termo do qual eu abuso: "divino". "Vovó, esse sorvete está divino, não está?" Ela se empolga com a festa da vida. As pessoas costumam comentar: "Puxou a avó." E talvez eu tenha certa responsabilidade em sua maneira de olhar o mundo, isso porque sempre fui apaixonada pela vida. Ela chega à minha casa e comenta, com entusiasmo: "Vovó, a roseira está cheia de brotos!" Esse é um grande acontecimento para ela, para mim, que sou poeta, e para muitos. Entretanto, para a maioria é um acontecimento banal.

É essa a minha grande preocupação: os professores não costumam ensinar os educandos a perceber a beleza das pequenas coisas, que fazem o encanto da vida. É preciso ensinar a criança a olhar. Desenvolver a sensibilidade é principalmente educar o olhar e a escuta.

Isso me faz lembrar uma pergunta que foi feita, um dia, a Adélia Prado. A pergunta foi: "Qual a diferença entre o homem comum e o poeta?" Ela respondeu: "Diante de um navio, por exemplo, o homem comum simplesmente olha com naturalidade. Já o poeta olha--o com deslumbramento, perguntando-se como é possível algo tão grande e pesado ficar sobre as águas. E não adianta dar ao poeta qualquer explicação científica, ele continuará olhando tudo como um milagre."

A sensibilidade aguça a imaginação que, por sua vez, gera a ação e a cognição. Para agir é preciso antes imaginar. Não me lembro de quem disse isso, mas, sem dúvida, é uma grande verdade: perder a razão é grave, mas mais grave ainda é perder a imaginação e o sentimento, a fantasia e a capacidade de sonhar e criar.

Quando vejo os olhinhos brilhantes de minha neta, meu coração encolhe-se com medo de que, mais tarde, professores funcionários do sistema ou essa sociedade normótica apaguem a luz de seus olhos.

–CAPÍTULO II–

A SOCIEDADE NORMÓTICA

Ao educar ou planejar qualquer projeto educacional, temos que nos perguntar, primeiro, para qual sociedade iremos educar.

Quando o atual governo colocou no ensino médio as disciplinas de Filosofia e Sociologia deu um grande passo para que o indivíduo aprenda a pensar e analisar o que está errado em nossa sociedade. Mas, não é o bastante: primeiro, faltou a Psicologia para que o jovem aprenda a conhecer-se melhor e ao outro; segundo, tudo depende do tipo de professor que vai ensinar essas disciplinas...

A nossa sociedade contemporânea caracteriza-se, ainda pela supremacia da Ratio, que leva a processos reducionistas, desqualificando a complexidade do ser humano acaba desembocando em

> *posturas caracterizadas por modos de expressão abstratos e mecânicos que privilegiam as esferas do cálculo e da técnica, da precisão e da determinação. Assim, prevalecem as lógicas calculistas em detrimento das expressões que revelam a plasticidade do dinamismo do existir, dos fluxos sinuosos do vivido/vivente; da indeterminação e da imponderabilidade – estados ontologicamente constitutivos da condição humana.*

ARAÚJO, ibid., pp. 29-30.

Implicados nesse modo de pensar estão inclusos o patriarcalismo, com suas posturas excludentes, já bem conhecidas de todos nós.

Araújo cita em sua obra, com muita pertinência, o pensamento de um grande filósofo. Diz ele: "Bergson, referindo-se à predominância do pensamento conceitual, acentua que esse converte-se num encadeamento artificial de conceitos, um extrato fixo, seco, vazio, um sistema de ideias gerais abstratas" (BERGSON, 1989, p. 270). A imobilidade do "invólucro do conceito" não consegue dar conta do movimento, dos fluxos do viver, da dinamicidade das experiências, da "mobilidade que está no fundo de todas as coisas" (BERGSON, 1989, p. 270). Morin (2002, p. 127) arremata: "Uma vida totalmente razoável torna-se demente".

Um sistema baseado nesses paradigmas exclui e patologiza a sensibilidade, a afetividade, a intuição, o mitopoético (nosso imaginário) e tudo que vem de nosso corpo e de nosso espírito. Somente a razão impera.

Como diz Ortiz-Osés (2003: pp. 88-89): esse logos privilegia "La esencia frente a la existencia (...). El ser estático frente al devenir dinámico (...), una filosofia dialógica como la socrática la una filosofia lógica como la platónica-aristotélica-clásica".

Além desse excesso de racionalidade e repressão de tudo que advém da afetividade, o sistema é de um capitalismo cruel e devorador, privilegiando a funcionalidade e incentivando os indivíduos a um consumismo exacerbado, a uma "corpoidolatria" (culto do corpo), a robotização. Tudo tornou-se descartável, inclusive os relacionamentos, para infelicidade das pessoas e do planeta.

Roberto Crema (2008), em uma entrevista, lembra:

> *Falando de forma global, há um paradigma já esgotado e que já não responde, criativa e efetivamente, as nossas questões mais fundamentais. Trata-se do racionalismo positivista, que enaltece o pensamento e a sensação, negando e reprimindo o sentimento e a intuição, jogando na lata de lixo da patologia a dimensão transcendente e os valores perenes. O espírito degenerou-se em intelecto, como denunciou Jung. Esta é a fonte óbvia dos grandes flagelos que assolam a humanidade, a exemplo da escalada da violência, da falência ética, da exclusão bárbara e da destruição genocida dos ecossistemas planetários. O novo paradigma holístico, centrado na consciência de inteireza, é uma resposta da inteligência de uma espécie ameaçada na sua sobrevivência. Ele mantém o positivo do modelo anterior, abrindo-o para uma visão global que pode orientar a nossa ação local, integrando saber e ser, conhecimento e amor, ação e contemplação.*

Esse sistema atrofia a sensibilidade, a criatividade e a imaginação dos indivíduos, além do perigo de levá-los à barbárie, à compulsividade das máquinas, à robotização, mecanização dos comportamentos.

Vem, então, a questão: é para esse tipo de sociedade que queremos educar? Devem prevalecer as antigas práticas instrucionais ou vamos instalar verdadeiras práticas educativas que resgatem a humanidade dos indivíduos?

Voltando a Roberto Crema (2008):

> *Na transição paradigmática é que surge o que denominamos de normose, uma patologia da normalidade. Quando ainda*

domina o paradigma obsoleto, um desequilíbrio, caracterizado por contradições e sintomas, é instaurado no próprio sistema. O normótico é alguém ajustado ao sistema dominantemente mórbido que, através de sua adaptação, mantém o status quo. Nesse caso, a pessoa realmente saudável é a que expressa certo desajustamento justo, uma rebeldia criativa, uma angústia saudável.

A normose é uma patologia que possui um postulado sistêmico e outro evolutivo. Ser normal passa a ser uma doença quando o sistema encontra-se dominantemente mórbido, em estado de desequilíbrio e desarmonia. Quando prevalece a exclusão, a injustiça, a falta de cuidado, de escuta e de solidariedade, quando a violência, depredação ambiental, corrupção, o terror e o desamor passam a fazer parte de nosso cotidiano mais trivial, a normalidade torna-se uma adaptação doentia e uma forma perversa de manutenção do status quo.

Como coloca Daniela Vasconcelos Gomes, em sua dissertação de mestrado, "Educação para o consumo ético e sustentável" (2008):

Hoje, na aldeia global, a difusão do conhecimento é facilitada pela informática, pelos meios de comunicação de massa e a possibilidade de educação à distância. A escola não é mais a única responsável pela construção e transmissão do conhecimento. Entretanto, ao mesmo tempo em que aumenta a possibilidade de acesso à informação, – pois esta circula de modo cada vez mais rápido – o nível de conhecimento torna-se cada vez mais baixo. "Nunca deu-se tanta importância à educação, ao ensino, ao conhecimento, porém, com exceções, percebe-se a instalação do caos em todas as esferas e níveis de escolaridade".

LAMPERT, 2005, p. 32.

Ela continua:

> *A escola também sofre as consequências da sociedade pós--moderna em que está inserida e, assim como outras instituições sociais, está em crise. Para Calloni (2005, p. 69): A crise da educação não está na educação. A crise da educação é tradução imediata da crise de objetivos e da saturação do modelo capitalista.*

E questiona:

> *Como solucionar pontualmente um problema que é macro-estrutural, global, de nível mundial?*
>
> *A instituição encontra-se desvalorizada e, muitas vezes, desacreditada, por não conseguir mais atender às necessidades sociais. "Para manter-se viva, a escola precisa construir um conhecimento que tenha sentido para os alunos – e não apenas informação – proporcionando uma formação integral, de valores éticos.*

> LAMPERT, 2005, pp. 42-44.

Em entrevista dada à Agência de Informação Frei Tito para América Latina (2009), Leonardo Boff lembra que estamos diante de

> *(...) uma crise que nos acrisola e purifica e nos cria a chance de um salto rumo a um novo ensaio civilizatório, caracterizado pelo cuidado e responsabilidade pela única Casa Comum e por todos os seus habitantes. (...) As leis somente têm sentido quando previamente se tenha criado uma nova consciência com os valores ligados ao respeito e ao cuidado pela vida. (...) Havendo essa consciência, ela pode materializar-se em leis, tribunais e cortes que fazem justiça à vida, à Humanidade e à Terra (...).*

Pergunto eu: a quem cabe desenvolver essa nova consciência?

Ele prossegue:

> (...) O propósito de todo o processo da modernidade, nascido já no século XVI, está assentado sobre a vontade de poder que se traduz pela vontade de enriquecimento que pressupõe a dominação e a exploração ilimitada dos recursos e serviços da Terra. (...) Surgiu o grande instrumento da tecnociência que facilitou a concretização desse projeto. Transformou o mundo, surgiu a sociedade industrial e hoje a sociedade da informação e da automação.

De novo, pergunto: é normal uma sociedade dominada pela ganância do enriquecimento e do poder a qualquer preço?

Concluindo, a sociedade contemporânea vive um momento de crise, em que se faz necessária a mudança do paradigma antropocêntrico, ainda predominante, para uma visão holística, comprometida com toda a vida na Terra. Os padrões de consumo impostos pelo sistema capitalista devem ser revistos, sob pena de inviabilizar a continuidade da vida no planeta. E nesse processo a educação possui papel fundamental na formulação de uma nova mentalidade, com a conscientização da população em relação à sua responsabilidade social na busca do desenvolvimento sustentável do planeta.

–Capítulo III–

O OLHAR, O ESCUTAR, O FALAR

Roberto Crema nos lembra, com muita propriedade:

> *(...) necessitamos de uma escola do olhar, pois a visão é a véspera do conhecimento. Abrir o olhar para si, para o outro, para o Universo e o totalmente outro, eis uma lição fundamental. Um olhar fluídico, que não fica paralisado num único alvo, capaz de acompanhar a dança do agora. Mudar o mundo é mudar o modo de olhar... Necessitamos, também, de uma escola da escuta. Escutar antecede compreender. Precisamos transcender essa crise absurda, essa surdez diante dos alaridos e canções da realidade (2003).*

Ele nos conta que na antiga sabedoria milenar, um mestre dizia aos seus discípulos:

> *Aos 15 anos, orientei meu coração para aprender.*
> *Aos 30, plantei meus pés firmemente no chão.*
> *Aos 40, não mais sofria de perplexidade.*
> *Aos 50, eu sabia quais eram os preceitos do Céu.*
> *Aos 60, eu os ouvia com os ouvidos dóceis.*
> *Aos 70, eu podia seguir as indicações do meu próprio coração, porque o que eu desejava não mais excedia as fronteiras da Justiça.*

E continua:

> *Quando orientamos o coração para aprender? Não apenas para conhecer o mundo exterior e para nele atuar. Sobretudo para aprender a estar no mundo, navegar o encontro e florescer como seres humanos. Para tomar consciência do*

fio de ligação que conecta todos os nossos passos e todos os eventos no qual habitamos (2003).

Voltando a Rubem Alves, ele lembra que a tarefa da educação é ensinar a olhar. É através dos olhos que as crianças tomam contato com a beleza e fascínio do mundo. A educação para ele divide-se em duas partes: educação das habilidades e educação das sensibilidades. E ele não vê sentido no desenvolvimento das habilidades e da palavra se não houver a educação da sensibilidade. Ele afirma: "Há muitas pessoas de visão perfeita que nada veem... O ato de ver não é coisa natural. Precisa ser aprendido".

Além de ensinar o educando a olhar, temos que ensiná-lo a escutar. Rubem Alves diz:

> *É preciso saber ouvir. Acolher. Deixar que o outro entre dentro da gente. Ouvir em silêncio. Sem expulsá-lo com argumentos e contrarrazões.*

ALVES, 1989, p. 25.

E quem pode ensinar isso ao verde ser senão nós, educadores? E ele ainda acrescenta: "Somente sabem falar os que sabem fazer silêncio e ouvir." (ibid., p. 25) E continua:

> *A experiência poética não é a de ver coisas grandiosas que ninguém vê. Ela é a experiência de ver o absolutamente banal (como disse Adélia Prado...), que está bem diante do nariz, sob uma luz diferente* (ibid., p. 165).

Quando um professor entra em uma classe pela primeira vez, pode-se prever como essa turma irá se comportar de acordo com o olhar do mestre. Se esse for acariciador, os alunos com certeza o amarão e gostarão de sua disciplina.

Entretanto, se seu olhar for agressivo, provavelmente os discípulos não amarão nem a ele nem à disciplina.

O olhar do professor deve permitir a liberdade, a espontaneidade, o relacionamento amistoso.

Também sua escuta, fala e seus silêncios vão influenciar demais no comportamento de seus alunos.

E é a partir do olhar do professor, de sua escuta, de sua fala e de seus silêncios, que os alunos vão aprender a olhar o mundo e o outro; vão aprender a escutar a natureza e o seu próximo; saber como e quando falar, usando sempre a fala como fator de união, aprendizagem e aproximação.

E, nos silêncios, eles vão aprender a escutar o seu interior.

A professora da UERJ, Bárbara Bello Lopes pontua muito bem:

> *Ordem/desordem; certo/incerto; lógico/contraditório; certezas/incertezas. A complexidade é o ser humano em seu espiral de desenvolvimento. É ela que vai nos despertar e nos levar a explorar a vida com nova escuta, novos olhares e presença que nos conduzirá a deixar fluir, a deixar surgir sem julgamento, o que há de mais humano no humano, sua verdade a partir de sua singularidade contextualizada em sua história de vida.*

Revista Fuxico, FEFS. 2009, n. 18, p. 3.

−Capítulo IV−

EDUCAÇÃO DO ENCANTAMENTO

Esta deverá ser a educação dos novos tempos: a destruição de modelos opressores, em que as classes dominantes impõem uma visão de mundo determinada aos educandos, de modo a reproduzir sempre o modelo atual de sociedade.

Swimme (1991, p. 93) nos lembra: "A sensibilidade humana permite que a beleza do universo seja apreendida pela consciência autorreflexiva".

E, como diz nosso guia, o professor Araújo:

> *Avento uma compreensão da sensibilidade como estado de abertura para o indeterminado, para a incerteza, que nos leva as veredas do desconhecido, aos desafios inaugurais; aos processos de criação e de recriação em que as intensidades dos conflitos impulsionam o ser sendo em suas metamorfoses renovadoras. Esse estado sensível nos arremessa nas travessias das aventuras que arrepiam e instalam o advento da eterna novidade do mundo* (2008, pp. 39-40).

E é essa sensação de eterna novidade do mundo que faz o encantamento daquele que dedica-se a apreender as belezas da vida. E, "dessa forma, a abertura sensível faz emergir o pasmo do estado nascente que leva a processos admirantes de encantação" (ibid., 2008, p. 41).

O educador deverá ser aquele pregoeiro da esperança; quem desperta as potencialidades do educando; ressuscita nele sua inteireza; o faz acreditar em si mesmo; exorta nele o cuidado com a dignidade; exige adequação de atitudes, expectativas e considerações; mostra a alegria de viver; desperta no aluno a paixão pelo saber e pelo estudo; constrói novas crenças em seus educandos. E o mistério do amor, dentro desse processo, continuará sendo a grande lição a ser aprendida e ensinada.

As mulheres, que vêm numa luta aguerrida, perseguindo e clamando por seus direitos de cidadã, são as mesmas que, ao educar de modo diferente meninos e meninas, perpetuam as posturas patriarcais, dentro das quais tudo é permitido ao homem e todo o sacrifício sobra para a mulher. Aliás, dizia Gilberto Freyre que a mulher da época colonial e pós-colonial cabia "fiar, parir e chorar".

Por mais que tudo pareça diferente hoje em dia, se olharmos a situação do Brasil e de outros países tidos como "em desenvolvimento" ou subdesenvolvidos, a mulher continua fiando, parindo e chorando, talvez de forma diversa do passado, dando conta das responsabilidades do lar e, ainda, cooperando quatro, oito ou doze horas por dia para a manutenção da família e da sociedade.

A criança nasce deslumbrada com o mundo e a vida. Por isso, logo que pode entrega-se numa total paixão ao agora, às descobertas extraordinárias, que escondem-se nos quintais, nos desvãos de escadas, porões, campos, quartos, jardins e tudo mais.

Logo, porém, descobre os "poderes normóticos" que "enfeiam" seus albores. Aprende que há partes do corpo cuja exploração é proibida, que há autoridades que não podem ser desafiadas; que, para não sofrer tanto, é preferível encolher-se, calar-se, repetir os velhos padrões de comportamento. E esses velhos modelos embutem a perversidade dos mais diversos preconceitos e estereótipos, como o racismo.

A nova educação deverá permitir que o indivíduo, enamorado da vida, jamais perca o encantamento, a paixão, os sonhos. Mas, essa educação só poderá ser dada por pessoas que, também, não os perderam. Isso exigirá que os professores não passem apenas por testes de conhecimento, mas também, por testes de personalidade.

> *Todo apaixonado é um vidente porque pressente e intui tudo que é belo e horrendo ao mesmo tempo, porque distingue de forma perfeita e implacável o falso do verdadeiro, o amoroso do odioso, o autoritário do voluntarioso, enfim, a paixão alimenta-se de liberdade e significa, em última análise, a expressão urgente e insaciável de nossa originalidade única* (ibid, 2003, p. 98).

E Araújo continua:

> *Na verdade só os apaixonados contestam, protestam, lutam, revolucionam. Mas, o que os move não é algo que os cega, mas a coisa que os ilumina e aquece, como a luz do sol* (idem. p. 98).

Diz Heidegger (2001, p. 229) que "é preciso espantar-se diante do simples, e assumir esse espanto como moradia".

É preciso entender, entretanto, que cultivar no educando o encantamento pela aprendizagem, em momento algum, significa instalar a anarquia. A inteligência emocional precisa ser desenvolvida, pois ela será importantíssima para a vida futura dos alunos. Mas, esse desenvolvimento não pode nunca significar uma disciplina castradora.

Roland Barthes lembra algo que eu, com suas palavras, poderia me referir ao processo educacional ideal: "nada de poder; um pouquinho de saber; e o máximo possível de sabor".

Voltando ao professor-poeta:

> *A verdadeira educação*
> *Nos mobiliza com o espanto*
> *E a vertigem da novidade*
> *Suscita admiração, portanto*
> *Na emergência do extraordinário*
> *Que às buscas dá mais encanto.*

A educação, pois, deve favorecer um ambiente de busca, de descoberta, de exploração, que suscita o deslumbramento com a vida e o encantamento do saber. É o que diz a sabedoria do poeta/professor:

> *A educação desinstala*
> *Os modelos opressores*
> *Das posturas patriarcais*
> *E racismos segregadores*
> *De poderes tão normóticos*
> *Que enfeiam nossos albores.*

Quem perdeu o encantamento pela vida já está morto por dentro. É, como na depressão, em que o corpo movimenta, mas a alma está morta; no interior da pessoa instala-se o vazio.

Como professores insatisfeitos, com amargura, tédio e tristeza estampados no rosto podem levar os alunos a deslumbrarem-se com a beleza da vida e do saber?

Voltando a Roberto Crema:

> *Por outro lado, nós não nascemos humanos; nós nos tornamos humanos, através de um investimento em nosso potencial de despertar e de autorrealização. Nesse sentido, também é normótica uma pessoa estagnada em seu processo evolutivo, que não utiliza um mínimo de seu potencial de inteligência integral, de qualidade subjetiva, de consciência ética, de transparência e integridade, que enterra os talentos que lhe foram confiados.*
> *Nós nos curamos da normose na medida em que nos conscientizamos dessa anomalia da normalidade. É preciso ser capaz de um desajustamento saudável, de uma indignação lúcida, de um desespero sóbrio. Na medida em que nos tornamos o que Thoreau denominava de maioria de um... (...)*
> *O que precisamos desaprender e reaprender, para obtermos maiores resultados? (2008).*

Finalizando, quero lembrar que a palavra encantamento leva-nos ao conceito de *seducere*, como bem explica Araújo, significando uma pedagogia baseada na sedução. É preciso conquistar o aluno, levando-o ao fascínio e a admiração. A relação professor/aluno deverá ter o encantamento de um namoro.

Lembro-me, aqui, de um comentário de uma grande amiga, que precocemente nos deixou. Ela foi, por anos, a secretária da Faculdade em que eu dava aulas e, mais tarde, da Universidade. Um dia, após a minha aposentadoria, nós nos encontramos em uma reunião e ela me disse: "Maria Luiza, outro dia lembrando-me de você não pude conter as lágrimas."

Fiquei curiosa e perguntei: "Mas, chorou por quê? Eu estou aqui e continuamos amigas". Ela respondeu: "Estava escutando duas alunas conversando lá na Secretaria e prestei atenção. Elas diziam que a Psicologia era uma disciplina insuportável e eu não pude me conter, lembrando-me como os alunos adoravam a matéria, quando ela era ministrada por você".

Eu sempre dei aula com paixão. Meus alunos eram "enamorados" de mim, tanto que fui madrinha durante todos os anos de meu magistério. Quando as turmas formavam-se, eu chorava como uma mãe que vê seus filhos indo embora. E eles, também, me abraçavam chorando, agradecendo-me entusiasticamente. Quando encontro alguns deles, ainda hoje, me dizem: "Você sempre está comigo. Quando vou dar alguma atividade, sempre penso como você faria".

Uma vez, dando curso de reciclagem para os professores das margens do Jarí, em Monte Dourado, Pará, um mestre-aluno, muito calado e tímido, no último dia, pediu-me se podia tirar uma foto abraçado comigo. Estávamos posando para a foto quando ele beijou-me a face e disse: "Antes da senhora eu era um professor, de hoje em diante serei um educador".

Capítulo V

CONTRA A EDUCAÇÃO CASTRADORA

Já é comum repetir o jargão: o professor faz de conta que ensina e o educando faz de conta que aprende. Nesse sistema castrador, pais, professores e outros sistemas ideológicos procuram, na verdade, colocar os indivíduos dentro de "moldes", tidos como "normais" em nossa sociedade. Assim, valorizam o "bonzinho", o que repete o dito, sem pensar, o retinho, o certinho, enfim, aquele que não foge das normas sutil e subliminarmente imbuídas no inconsciente do sujeito humano, sufocando sua própria humanidade e singularidade.

A rebeldia, a diferença, a criatividade sempre suscitaram medos. E, por detrás desses medos esconde-se o temor do anarquismo e da subversão da ordem. Qual ordem? Aquela que sempre imperou: a autoridade dos fortes sobre os fracos, a riqueza sempre nas mãos de alguns que detêm o poder e criam a miséria. O discurso pode parecer antigo, mas, na verdade, é mais atual do que nunca. Araújo comenta:

> *Mas, afinal, que perigo oferecem a espontaneidade, originalidade e criatividade? Lógico, seu poder de crítica. Quem é espontâneo não sente medo dos outros e critica-os a vontade. Exercendo sua originalidade, o indivíduo vai descobrir o que há de falar. (...) Quando somos criativos, ao mesmo tempo estamos liberando nossa agressividade para transformar, melhorar, revolucionar comportamentos e instituições* (idem, p. 48).

O melhor é que as pessoas não pensem, pois, caso contrário, passarão a tomar consciência do servilismo, da opressão e da injustiça dos sistemas sociais, políticos e econômicos.

Mas, a sociedade necessita, para ir adiante, de pessoas inteligentes, corajosas, pensantes, criativas, que possam empenhar-se em desbravar universos desconhecidos.

Entretanto, com o sistema educacional vigente só conseguiremos criar o "normótico", aquele bem enquadrado, que jamais olha a direção para a qual o dedo aponta, mas somente para o próprio dedo.

Essa educação excessivamente preocupada em transmitir somente o saber vazio (e até nisso tem sido excessivamente falha...), e exigir que os alunos o "vomitem", não fomenta homens brilhantes, de criatividade, inventividade, improvisação e coragem.

Costumo repetir que se não fossem os rebeldes, estaríamos ainda nas cavernas.

Tudo que a sociedade hoje valoriza, em termos de avanço científico e tecnologia, facilitando a vida e dando conforto ao homem, não nasceu da parte de indivíduos "normóticos", "domesticados" ou "medíocres", mas da fonte riquíssima daqueles que cultivam não só o saber, mas a sabedoria, a sensibilidade, a liberdade interior; que não preocupam-se com o que os outros pensam, porque dedicam-se de corpo e alma à sua própria vocação.

Parece que estamos falando de uma educação superada, mas não é verdade. Ela está aí! No último quarto do século passado, pensávamos que uma nova educação iria surgir. Entretanto, as forças da classe dominante e mesmo o comodismo foram mais fortes que o ideal de tantos. Voltemos ao nosso poeta:

A educação mecanicista
Reduz-se à exterioridade
Da fria lógica instrumental
Mutilando a subjetividade
Forjando seres metálicos
Comedidos na uniformidade.

Infelizmente, a maioria dos professores ainda se liga apenas ao mecanicismo, ao determinismo e ao racionalismo, subtraindo do educando o imaginário, o simbólico, o sagrado, o transcendental.

A verdade é que a nossa educação não preocupa-se realmente com a diversidade e procura formar seres "comedidos na uniformidade".

Ela, como uma máquina de reprodução do sistema, joga no mercado, a cada ano, turmas e turmas de jovens profissionais sem espírito crítico, sem autenticidade, criatividade, inventividade ou imaginação. Profissionais que, em sua grande maioria, quando muito, saberão apenas exercer, de forma medíocre e limitada, sua ação em determinada área.

Todos nós estamos cansados de saber que a sociedade caminha puxada pela locomotiva de alguns indivíduos brilhantes, que não permitem-se a castração. Como numa linha de produção acontecem alguns produtos com defeito, que são colocados de lado, no processo educacional, também acontece que alguns "fogem" à norma e são exatamente estes os cientistas, os artistas, enfim, aqueles que vão levar a sociedade a progredir.

A grande maioria haverá de enquadrar-se aos interesses de uma classe dominante e passará a viver de acordo com a lógica capitalista, obcecada pelo consumismo, empurrada por uma ambição desmesurada, vítima de uma neurose coletiva.

Esses indivíduos haverão de desconhecer o sentido da felicidade e do amor incondicional. Estarão enquadrados e envolvidos no torvelinho do mundo globalizado, haverão de considerar-se normais, quando, na verdade, não passarão de normóticos a zombar daqueles que não compartilham de suas convicções e neuroses.

É uma extrema injustiça que a nossa educação, incapaz de formar seres pensantes e transmitir uma bagagem instrumental básica, ainda deforme a personalidade de nossos educandos.

O que está acontecendo conosco? Perdendo a sensibilidade, a intuição, a imaginação? Presos de um medo constante, vamos nos robotizando e perdendo, inclusive, a capacidade de improvisar, algo muito importante nos momentos de crise.

Aquisição de conhecimentos é algo importantíssimo e a educação não pode descuidar desse objetivo. Mas, em momento algum, poderá descuidar do sentido maior da palavra educação. Educar, vinda do latim educare e educere, ao mesmo tempo, significa alimentar, amamentar, criar e desenvolver potencialidades, isto é, trazer para fora. E educar jamais poderá ser robotizar indivíduos. Ao robotizar, estamos tirando do educando toda a motivação e esta é a mola mestra da aprendizagem. Os indivíduos motivados enxergam oportunidades nas dificuldades, enquanto que os desmotivados apenas veem as dificuldades. Terminemos o capítulo com os versos do professor/poeta:

> *O vicioso "faz-de-conta"*
> *Que desbota a educação*
> *Qual caricatura de rebanho*
> *Instaura a domesticação*
> *Mitiga o sujeito humano*
> *No cerco da mediocrização.*

Lembremo-nos de que o indivíduo reprimido é altamente perigoso. Ele é como uma barragem sempre prestes a romper. A educação repressora dos sentimentos e emoções induz à morte, à destruição, ao descontrole, ao caos. Enquanto que o favorecimento da liberação das emoções induz ao prazer, à construção, à espontaneidade.

Citando Freud, é Eros versus Thanatos. Ainda há quem pense que Freud quando falava em Eros estava referindo-se unicamente ao sexo, a libido. Absolutamente. Eros é a força do prazer que leva a construção e Thanatos é a força da destruição. Vida e Morte parecem ser duas faces de uma mesma moeda. E a escolha que o educando fará diante da vida ou da morte vai depender muito do tipo de educação que ele terá. Eu sempre digo para mim mesma, lembrando um capítulo de um livro de Erich Fromm: Eu escolho a Vida!

Sou uma transgressora, pois num sistema em que a maioria vive como robôs, sem propósitos, sem metas, sem significado, aprendendo a obedecer ordens, eu ouso pensar, criticar, rebelar-me, sonhar e correr atrás de meus sonhos, mesmo quando isso significa repreensão da família e da sociedade. Todos temos um lugar sagrado onde ninguém pode penetrar sem o nosso consentimento, onde temos uma liberdade ilimitada que tirano algum pode nos roubar: o nosso interior, nossa alma, nosso pensamento, nossa essência, enfim!

–Capítulo VI–

TRANSGREDINDO PARÂMETROS CADUCOS

A educação, ainda hoje, seja no lar, na escola ou na igreja, consiste numa lavagem cerebral que acaba por criar nas mentes jovens um lixo psicológico, do qual torna-se difícil desprender-se.

Araújo nos lembra:

> *Aprender deve significar fundamentalmente desaprender certas coisas, ou seja, nos livrarmos daquilo que nos ensinaram a fazer e pensar em detrimento da expressão livre da espontaneidade. Para conhecer o mundo e a reserva cultural acumulada pela experiência da humanidade, não há necessidade de nos desconhecer e de impedir a expressão de nossa originalidade* (2003, p. 35).

A maioria das pessoas não sabe quem é ou o que é capaz de fazer, e consequentemente, sente-se fracassada em seu senso de ser e em sua personalidade. Mas, por que isso acontece? Porque para a maioria das pessoas a educação não as encorajou a explorar e se desenvolver livremente, muito pelo contrário, a educação tornou-se uma instituição de doutrinação, que oferece apenas informações irrelevantes e frequentemente incorretas. É necessário um rompimento com esses métodos que, inculcando valores caducos, castram toda a vitalidade, a curiosidade, o deslumbramento e a liberdade de pensar do jovem diante da vida e do mundo.

É preciso reaprender a pensar e a sentir. Desenvolver toda a potencialidade humana e, com todo o ser aberto à vida, percepção aguçada, sensações e emoções em ebulição, aprender a passar toda a tradição pelo crivo da razão e do coração e desenvolver, assim, o poder criativo que levará adiante a civilização, criando um mundo diferente, novo, justo e fraterno.

Somente a pedagogia da transgressão poderá, de fato, libertar o homem para uma jornada feliz e produtiva, durante a aventura da vida.

A Escola, como máquina de reprodução ideológica e transmissão de conhecimentos muitas vezes desnecessários, acaba por tornar-se dispensável porque caduca. Entretanto, ela é e continuará a ser uma instituição indispensável, enquanto preocupada não apenas com o saber supérfluo, mas o saber profundo e o ato verdadeiro de educar. Sabemos que não é nada fácil mudar uma instituição como a escola. A repressão "instituída" sente, de longe, essas "transgressões"...

Estarei propondo uma sociedade sem escolas, como Illich? De maneira alguma. Sei bem o quão a escola é importante e necessária, mas não a escola que, ainda hoje, está vigente, mas uma nova escola de onde sairão cidadãos conscientes, éticos, politizados e produtivos. Uma escola com real compromisso com a vida, com a livre expressão dos sentimentos e emoções, como parte integrante do ato pedagógico.

Como o professor/poeta relata em uma de suas obras:

O pensar e o sentir não podem ser antagônicos, sendo necessário trabalhar com o coração, numa tessitura que exige um exercício de vivência junto às pessoas.

ARAÚJO, 2007, p. 23.

Como diz Zenita Guenther, em sua obra "Educação de pessoas":

... acumular e transmitir informações é um processo bastante simples, que pode ser feito com precisão e eficiência, de várias maneiras, mas ajudar a pessoa a descobrir e explorar que sentido a informação tem para ele próprio e sua vida, parece requerer o inter-relacionamento com outras pessoas. Esse é o ponto crucial do ensino, a própria razão para sua existência.

GUENTHER,1980, p. 156.

Pelo que diz a grande educadora, podemos perceber que é inteiramente condenável uma educação que não assente-se no processo dialético da liberdade de expressão. Aliás, "é nessa perspectiva dialética que precisamos conceber a educação, como "arena" do diálogo e do dissenso, em que educador e educando possam juntos transformar-se, e ao fazerem isso, potencializarem outra estrutura social, calcada na justiça e na igualdade de oportunidades" (SILVA, Laércio Andrade, 2008, estudante de Pedagogia da UEFS).

Araújo volta a dizer:

Aprendendo nos compassos
Dos desafios de cada dia
Na dinâmica das mutações
Que ao devir dá sua ritmia

A educação vai velejando
Busca incessante de sabedoria.

Educar é desaprender
As regras da subjugação
Reaprender pensar e sentir
Rompendo a "educastração"
Na percepção crítico-criadora
Da pedagogia da transgressão.

O professor Araújo escreveu um texto interessantíssimo que demonstra a tese que estamos defendendo aqui. Com sua permissão o transcrevemos:

Uma prisão chamada escola

No cotidiano das instituições escolares comumente ouvimos estudantes e professores falarem em "soltar" para identificar o término das aulas. Ou seja, pessoas estão presas e precisam ser libertadas (soltas). Parece que muitos dos professores e estudantes não se dão conta de que grande parte das palavras-chave utilizadas no vocabulário dos discursos verbais e escritos das escolas traduzem, de modo bastante plausível, se pensamos com criticidade e espirituosidade, a instituição escolar como um espaço prisional dos grilhões que as confinam – a prisão das aulas, das "celas de aulas".

Outra expressão canonicamente repetida é "grade curricular". O formato dos currículos é tramado como uma grade que retém, que aprisiona os sujeitos no emaranhado das ações educativas. Assim, essas tornam-se ações "educastrativas". Também é bastante reiterado nos discursos escolares o binômio "controle da turma".

É necessário "controlar" a turma para que o ato educativo aconteça. Controle que, de modo geral, nesses contextos, toma a conotação de domínio vertical, como postura austera e monológica do professor.

Na rotina das instituições escolares também está muito presente o vocábulo "treinamento". Treinar supõe projeção de repertórios técnicos para que sejam reproduzidos de modo mecânico e linear. No máximo esse procedimento pode ser concebido como ação instrucional/funcional, jamais educativa, na acepção vasta e funda da palavra.

No âmbito da disposição física das instituições escolares predomina a geometria retilínea e quadrada. Parece ficar melhor para o enquadramento das pessoas. Nas salas, os estudantes são dispostos em filas, voltados exclusivamente para a figura do professor, sem que possam olhar, dialogar e compartilhar saberes e sentires com os colegas.

Todos esses ritos funcionais são instituídos de modo difuso e eficaz, e são reproduzidos mecanicamente sem que a maioria das pessoas perceba ou os questione e desafie. A força da dominância das lógicas instituídas monologicamente processa-se através de seu poder simbólico (Bourdieu) que, desse modo, é invisibilizado e naturalizado. Esses ritos passam a ser coisa normal e, portanto, passam a ser concebidos como modelos únicos e uniformes, como dogmas inquestionáveis.

Dessa forma, as instituições escolares convertem-se em "celas de aulas" que encarceram professores e estudantes mediante os processos disciplinares (Foucault) e funcionais de "educastração" que implicam na domesticação operada pelas pedagogias de rebanho. Nessa esfera, os sujeitos humanos tendem a ser reduzidos a objetos docilizados e bem comportados. Suas potencialidades crítico-criadoras são anestesiadas para que apenas reproduzam, de modo embolorado, os saberes (informações) e técnicas, as normas e padrões instituídos. As ações educacionais reduzem-se em meros processos instrucionais que treinam funcionalmente os indivíduos para o exercício de seus papéis sociais determinados pelas hegemonias e homogeneizações dos poderes vigentes com suas estruturas "rigidificadas".

Por que os estudantes, de modo geral, gostam muito mais dos momentos de recreio do que das aulas? No recreio acontecem suas subjetividades sendo eles próprios: Brincam, pulam, desafiam, dialogam, conflituam, criam, expressam seus desejos, seus corpos e almas; celebram o viver. Nas salas/celas de aula os estudantes são pretensamente convertidos em bonecos, robôs, objetos dóceis, depósitos vazios (Freire), seres apáticos e passivos. São exilados de suas subjetividades, despotencializados de suas disposições humanas primordiais.

Sabemos que até os recreios, em diversas instituições escolares, também começam a ser "controlados" pelos professores-funcionários, professores-vigilantes. Também na escola o "Grande irmão" - *Big brother* - (Orwel) tem estado presente.

Nessa atmosfera esmaecida, as escolas confinam-se em espaços escolásticos sob os auspícios das pedagogias disciplinares que implicam no controle ostensivo para que os estudantes (e professores) se adequem/enquadrem nos catecismos das normas e padrões impostos pelas pedagogias instituídas.

Comumente essas escolas são configuradas como ambientes de paisagem cinzenta. Prevalece a frieza do concreto, do cimento. Quase sempre não há presença viva de plantas, flores e árvores. É quase tudo liso e monocrômico. Assim, as pessoas também tendem a converter-se em seres glaciais, apáticos e descorados.

Enquanto os espaços escolares não tornarem-se territórios vivos que fomentem e inspirem a imaginação criante, o espírito crítico e inventivo, a fruição da sensibilidade e dos valores humanos, e continuarem forjando o treinamento de seres funcionais e apáticos, desprovidos de espirituosidade e de sensibilidade, comprimindo professores e estudantes nas grades curriculares, estes estarão apenas exercitando práticas instrucionais e prisionais. Assim, continuaremos contribuindo para o esgarçamento e a desgraça da humanidade, da eco-humanidade. Continuaremos fabricando celas de aulas que encarceram almas e corações e que reduzem os seres humanos apenas à sua condição zoológica. Continuaremos legitimando os processos insanos que instalam a barbárie.

Obviamente que existem diversas exceções. Essas descortinam-se em ações qualificadas e altaneiras de escolas e de professores/as que buscam cuidar dos processos educativos fomentando ações emancipadoras e afirmadoras dos valores humanos, como também através de posturas irreverentes e insubordinadas de estudantes que ainda não foram amestrados e que desafiam as posturas "educastrativas". São as chamas verdes que nos esperanceiam! (abril, 2009).

Gostaria de lembrar um caso que costuma-se contar acerca de Licurgo, um legislador grego:

Conta-se que o legislador Licurgo foi convidado a proferir uma palestra a respeito de educação. Aceitou o convite, mas pediu, no entanto, o prazo de seis meses para preparar-se. O fato causou estranheza, pois todos sabiam que ele tinha capacidade e condições de falar a qualquer momento sobre o tema e, por isso mesmo, o haviam convidado.

Transcorridos os seis meses, compareceu ele perante a assembleia em expectativa. Postou-se à tribuna e, logo em seguida, entraram dois criados, cada qual portando duas gaiolas. Em cada uma havia um animal, sendo duas lebres e dois cães. A um sinal previamente estabelecido, um dos criados abriu a porta de uma das gaiolas e a pequena lebre branca saiu a correr, espantada. Logo em seguida, o outro criado abriu a gaiola em que estava o cão e este saiu em desabalada carreira ao encalço da lebre. Alcançou-a com destreza trucidando-a rapidamente.

A cena foi dantesca e chocou a todos. Uma grande admiração tomou conta da assembleia e os corações pareciam saltar do peito. Ninguém conseguia entender o que Licurgo desejava com tal agressão. Mesmo assim, ele nada falou. Tornou a repetir o sinal convencionado e a outra lebre foi libertada. A seguir, o outro cão. O povo mal continha a respiração.

Alguns mais sensíveis levaram as mãos aos olhos para não ver a reprise da morte bárbara do indefeso animalzinho que corria e saltava pelo palco. No primeiro instante, o cão investiu contra a lebre. Contudo, em vez de abocanhá-la deu-lhe com a pata e ela caiu. Logo ergueu-se e se pôs a brincar. Para surpresa de todos, os dois ficaram a demonstrar tranquila convivência, saltitando de um lado a outro do palco. Então, e somente então, Licurgo falou:

> *Senhores, acabais de assistir a uma demonstração do que pode a educação. Ambas as lebres são filhas da mesma matriz, foram alimentadas igualmente e receberam os mesmos cuidados. Assim igualmente os cães. A diferença entre os primeiros e os segundos é, simplesmente, a educação.*

E prosseguiu vivamente seu discurso dizendo das excelências do processo educativo:

> *A educação, baseada numa concepção exata da vida, transformaria a face do mundo. Eduquemos nosso filho, esclareçamos sua inteligência, mas, antes de tudo, falemos ao seu coração, ensinemos a ele a despojar-se de suas imperfeições. Lembremo-nos de que a sabedoria por excelência consiste em nos tornarmos melhores.*

Você sabia que Licurgo foi um legislador grego que deve ter vivido no século quarto antes de Cristo? E que o verbo educar, como já falei, é originário do latim *educare* ou *educcere* e quer dizer extrair de dentro? Percebe-se, portanto, que a educação não constitui-se em mero estabelecimento de informações, mas sim de se trabalhar as potencialidades interiores do ser, a fim de que floresçam.

A Escola não deve ser um lugar de tortura física ou moral, mas um lugar de prazer e recreio, onde o educando sinta-se bem e o ensino seja divertido e prazeroso.

É a proposta de não destruir na criança a força, a esperança, o encantamento, o vigor, a criatividade, a curiosidade, a alegria. Uma educação em que as crianças e os jovens sejam ouvidos, levados a pensar, cujos sentimentos são considerados importantes; em que a relação educador/ educando é permeada pela honestidade e sinceridade. É, pois, a proposta de uma educação que tem o compromisso primordial com a vida, que significa expansão infinita, mudança, transformação, crescimento.

TELES, 2008, pp. 60-61.

Observação: É preciso o cuidado de lembrar que, no exemplo dado, com relação aos animais, o que temos é uma "domesticação", "treinamento".

–Capítulo VII–

A EDUCAÇÃO LIBERTADORA

Em que o homem diferencia-se do animal? Geralmente só um fator é considerado nessa comparação: o homem raciocina. Entretanto, não é o raciocínio o único nem o principal diferencial entre eles. O homem cria, ama, renova, transcende a realidade concreta. Somente ele é capaz de tal feito.

E o processo educacional só é verdadeiro quando incentiva nos indivíduos essas suas capacidades mais nobres. Ela deverá ser a luz que iluminará e afastará, para sempre, as trevas da ignorância, do não saber, do não pensar, do não imaginar, do não conviver, do não criar, do não ser em plenitude.

A verdadeira educação, em seu processo de conscientização, liberta o ser humano que passa a ser dono de seu destino e sujeito de sua história e da história da coletividade.

Depois de educado, nunca mais o homem será servo dos preconceitos, maneira sutil de controle externo, que advém de uma sociedade injusta ou de pessoas emocionalmente desvirtuadas.

O cidadão, que resulta dessa educação libertadora, não é mais sujeito a nenhuma forma de servidão. Ele sabe que viver em sociedade é uma questão política e que cabe a ele buscar a liberdade, afastando a dominação e o autoritarismo.

Para os manipuladores do poder autoritário, quanto menos indivíduos conscientes da política que fazem em todas as dimensões da vida, mais fácil será a manipulação.

ARAÚJO, 2007, p. 32.

A liberdade, direito do homem, ao nascer, ele terá que conquistar, através da luta contra o sistema opressor de qualquer ordem. Só então, ele será livre para viver, para amar, para trilhar os caminhos que ele próprio escolherá.

Ninguém tem o direito de tirar do ser humano sua própria essência. Ele não pode ser mutilado em sua infância, quando ainda nem tem condições de ter consciência do que lhe fazem e nem condições de se defender e lutar por seus direitos.

A verdadeira educação é aquela que estimula todo o rico potencial de que o ser humano é dotado, ao nascer. Respeitar: isso é a base de todo o processo educacional. Ninguém nasce "pleno", mas com o sagrado direito de desenvolver essa plenitude. E esse é o trabalho da educação.

> *Esse processo educacional não se dá na neutralidade, sobretudo, na práxis pedagógica crítica e no compromisso ético do educador com a realidade dos sujeitos envolvidos. É preciso considerar suas necessidades, suas experiências que são construídas, também, fora do espaço escolar; qualquer processo educacional que negue esses elementos tornar-se-á uma prática descontextualizada e, assim, fadada ao fracasso. Freire diz que (...) para o crítico o importante é a contínua transformação da realidade (ibid., 2003).*
>
> *Educação é ação de polis*
> *Na dinâmica viva da sociedade*

*Despertando valores coletivos
Da justiça, paz e equidade
Na formação de ecocidadãos
Protagonistas das liberdades.*

*O vaga-lume da educação
Alumia a toca da ignorância
Que bestializa os humanos
Nas relações de dominância
Compelindo às emancipações
Das servidões, da aviltância.*

Rubem Alves nos lembra:

Há escolas que são gaiolas e há escolas que são asas. Escolas que são gaiolas existem para que os pássaros desaprendam a arte do voo. Pássaros engaiolados são pássaros sob controle. Seu dono pode levá-los para onde quiser. Pássaros engaiolados sempre têm um dono. Deixaram de ser pássaros. Porque a essência dos pássaros é o voo. Escolas que são asas não amam pássaros engaiolados. O que elas amam são pássaros em voo. Existem para dar aos pássaros coragem para voar. Ensinar o voo, isso elas não podem fazer, porque o voo já nasce dentro dos pássaros. O voo não pode ser ensinado. Só pode ser encorajado.

ALVES, 2008.

Lembremos que a educação está relacionada com a aprendizagem. Nenhuma pessoa poderia ficar sem a possibilidade de aprender em nenhum momento da sua existência. O aprendizado é como uma onda e a onda vai e vem, num movimento contínuo e livre. O reconhecimento das oportunidades de aprendizagem depende do desenvolvimento do discernimento, razão pela qual é recomendável utilizarmos todas as oportunidades de aprendizagem. O principal esforço de cada pessoa é o aprendizado. Assim, aprendendo como funciona o processo criativo, os ensinamentos e as práticas, cada aluno é capaz de experimentar e conhecer suas próprias capacidades criativas, processo que só acontecerá em uma educação realmente libertadora.

> *A educação tem que tomar um novo sentido! A escola, no caminho que vem seguindo, tem muito pouco a oferecer às crianças e jovens. Ela, acreditamos, é o caminho da salvação, mas deve seguir novos rumos e acabar com toda e qualquer fronteira: a fronteira da discriminação, dos estereótipos, do desamor, do racismo, do desrespeito...*

> TELES, 2002, p. 9.

–Capítulo VIII–

EDUCAÇÃO E SONHOS

O indivíduo está morto, por dentro, quando morrem seus sonhos. São os sonhos, os ideais e as utopias que dão direção e sentido às nossas vidas e rasgam novos horizontes para a humanidade.

Volto a repetir: se o homem não sonhasse e não fosse rebelde, jamais teria saído das cavernas.

No entanto, o nosso sistema educacional costuma, logo cedo, ainda nos primórdios da infância, castrar os voos da imaginação.

Se a criança desenha uma maçã e a colore de roxa ou amarela, a professora logo lhe corta o entusiasmo, dizendo: "Querido, a maçã é vermelha". A criança deixa de lado seu desenho original e, seguindo as instruções da professora, desenha, como qualquer pessoa, a maçã vermelha, copiando a natureza. Morre aí a originalidade.

Quem disse que a criança não pode imaginar ou sonhar com um mundo onde as maçãs tenham uma cor diferente? Aquilo não é a maçã de todos, é a sua maçã. Por que ela não pode ser original?

É insurgindo contra uma sociedade injusta e cruel, que, nas asas de nossos sonhos, vamos tecendo um mundo diferente. Como diz Roberto Crema, é a "Conspiração do Ser", que, num movimento silencioso, vai criando uma nova educação, que surge da essência mais profunda do Ser, levando em consideração os seus desejos e paixões e erguendo o estandarte da Paz e do Amor.

Como diz a professora Maria do Socorro Lucena Lima na apresentação dos versos de Miguel:

> *É uma educação que emancipa e tem o poder de acender o sonho com sua luz de vaga-lume, e dessa forma, descobrir novos caminhares, que se fazem nas teias vivas do cotidiano, tecidas coletivamente (2004, p. 3).*

Cada indivíduo, ao tecer sua história de vida, é impulsionado, de forma bastante forte, pelos sonhos.

À educação, pois, cabe o sagrado papel de alimentar esses sonhos para que o jovem educando possa partejar uma nova realidade. É dessa maneira que a educação, na busca do conhecimento, emancipa e transforma. Rubem Alves faz a ressalva: "Mas os sonhos, sendo coisas belas, são coisas fracas. Sozinhos, eles nada podem fazer: pássaros sem asas... São como as canções que nada são até que alguém as cante" (ibid., p. 65). Mas, ele continua: "Quem é rico em sonhos não envelhece nunca. Pode mesmo ser que morra de repente... Mas morrerá em pleno voo. O que é muito bonito" (ibid., p. 106).

A lição que ele nos dá aqui é que é importante fomentar os sonhos no educando, mas que é fundamental mostrar-lhes a rota da realização destes, pois um sonho só é um sonho enquanto não torna-se realidade e toda ação procede de uma anterior imaginação. E, mais, ele nos mostra que ninguém vive sem sonhos. Viver sem sonhos seria jamais cantar a canção. Seria não voar nunca...

Voltando ao pensamento do professor já tantas vezes citado:

> A educação deve emergir
> De nossos desejos, paixões
> Levantando o estandarte
> De utopias, insurreições
> Acendendo nossos sonhos
> Florescendo novos pendões

O grande desafio da educação hoje é resgatar a nossa humanidade perdida, utopias esquecidas e levar o educando a sonhar com outro mundo que é possível. E, para isso, ela tem que transgredir o sistema social que, sorrateiramente, sutilmente, procura "escravizar" os indivíduos, levando-os a lambuzarem-se com as "belezas" da moda, do consumismo desenfreado, com os shoppings e as maravilhas da tecnologia, enfartando-lhes a imaginação, criando um terreno fértil para as frustrações, o estresse, a angústia, a depressão e todo tipo de desequilíbrios psicológicos. O sistema vai criando mentes obtusas, enquanto a verdadeira educação tem a sagrada obrigação de tirar os grilhões intelectuais dos indivíduos.

> Que sejamos todos, no dia a dia do nosso brilhante e desafiador ofício de ser profissionais da educação, desconstrutores (e, pois, transgressores...) de ideologias alienantes e construtores de utopias possíveis.
>
> ALVES, 2008.

Araújo pontua:

> *Acontecer é um atributo peculiar do ser humano que se traduz em tecer e entretecer, com sensibilidade e espirituosidade a aventura do existir na criação dos sentidos que vicejam a vida humana. (...) Acontecemos quando nos tornamos protagonistas de nossa destinação instituindo novas formas e sentidos no estar-sendo-no-mundo-com* (2008).

"Juntar o 'sujeito do desejo' e o 'sujeito do saber', considerar a ética e a estética, tentando revelar o sentido da vida" é o objetivo maior do trabalho do educador" (TELES, 2002, p. 21).

–Capítulo IX–

EDUCAÇÃO COMO
PROCESSO DE ALQUIMIA

Nós somos uma unidade. Cada um de nós é um ser único, original. Mesmo os gêmeos univitelinos, portadores do mesmo genoma, quando criados no mesmo lar, são pessoas diferentes. Por quê? Eles não são biologicamente iguais? Não são um único óvulo e um único espermatozoide que, na fase de desdobramento celular embrionário, em algum momento, separaram-se e se bipartiram? Esse é um grande desafio para a ciência tradicional, materialista, cartesiana. A resposta está na "essência" de cada um que é diferente. Essência, alma ou espírito.

Os gregos, cuja sabedoria construiu uma Filosofia, sobre a qual o ocidente estruturou sua visão de mundo, deixaram, através de Platão, a herança de um homem dividido em corpo e alma. Um corpo-cárcere, onde a alma debate-se em seu processo de libertação.

Entretanto, somos uma unidade. E é essa inteireza, inclusive, nos unindo aos outros seres, que a educação deve ajudar a resgatar.

Enquanto a "energia" que nos move está dentro da matéria, as duas formam uma unidade perfeita que trabalha sempre numa grande simbiose. É claro que a matéria, seguindo as leis universais, transforma-se, deteriora e volta aos seus elementos primordiais.

Mas a "energia", que é a nossa unicidade, esta não, continua a viver para sempre. É a transcendência, da qual, também, a educação não pode fugir e nem negar. Essa é a alquimia da transmutação. Esse é o salto quântico que nos leva a vibrar em outra dimensão.

Essa educação que transforma pelo saber, que instiga o pensar, o sentir e o agir numa dimensão crítica e empreendedora, nasce na relação sustentável com o outro e o meio ambiente, a partir do pluralismo, da diversidade e da cooperação. Lyotard, um filósofo francês, argumenta que a falência das Luzes, em nosso tempo, deveria ser vivido como um luto, com um total declínio do humanismo, no qual pautou-se. Esse é um resgate a ser feito pela educação.

Portanto:

> *Rimando Logos com Eros*
> *Nos repertórios da educação*
> *Conjugando corpo e mente*
> *Nos processos de criação*
> *Tocamos a busca da inteireza*
> *Na alquimia da transmutação.*

Enquanto o sistema vai enfartando e corroendo a imaginação das pessoas, sua criatividade e educação deverão libertar seus intelectos para que possa, finalmente, enxergar a realidade.

Lembro-me novamente de Augusto Cury que diz:

> *Internet, jogos de videogame, computadores, são úteis, mas têm destruído algo inviolável: a infância. Onde está o prazer do silêncio? Onde está a arte da observação? Onde está a inocência? Angustia-me que o sistema esteja gerando*

crianças insatisfeitas e ansiosas. Fortes candidatas a serem pacientes psiquiátricos e não seres humanos felizes e livres (ibid, p. 133).

Que mundo é esse em que estamos vivendo quando pessoas são colocadas numa jaula de vidro para diversão dos outros? Quão pobres são nossas vidas para tentarmos preenchê-las espiando a intimidade de outrem?

O dinheiro tornou-se tão importante que por ele todos os padrões morais podem ser quebrados e o sexo tão banalizado? Ou já não existem padrões morais? ...

Por que nos deixamos imbecilizar pela mídia? Aliás, quanto mais idiotas, mais escravos do consumismo, mais lucro e melhor para o capitalismo e os donos do capital.

Somos manipulados como marionetes porque queremos tudo pronto para ser consumido e não nos preocupamos mais em pensar. Pensar dá trabalho... E as mentes tornam-se cada vez mais preguiçosas... Ver televisão não exige quase nada de nossos cérebros, enquanto ler é apoderar-se de um universo que demanda uma série de operações mentais. E o pior é que as nossas crianças estão indo pelo mesmo caminho... E seus professores já se acomodaram.

Vivi uma infância maravilhosa. Brincava muito e nossa família era enorme, composta não apenas de nossos pais e irmãos, mas de primos e tios.

Naquela época, tínhamos muito respeito pelos mais velhos e costumávamos tomar a benção de nossos pais e tios. Éramos, também, muito ligados aos vizinhos.

Tínhamos em nossos pais uma confiança absoluta. Confiança esta que os jovens de hoje perderam.

Brincávamos muito na rua: de roda, de pique, queimada, passar anel, correr pelas enxurradas etc. Éramos livres e não temíamos nada, a não ser o escuro e os insetos.

Hoje, já na terceira idade, lembro-me, com enorme saudade, da minha infância e da minha adolescência. E sinto uma dor profunda quando penso no que é a vida de minha neta. Claro, ela não conheceu outra realidade e não deve sentir falta de nada. Contenta-se em brincar na escola, dentro de casa e no sítio (graças a Deus, pelo menos ela tem um sítio para ir e ter contato com a natureza...). Mas, quantas crianças não têm nada disso?

Num mundo tão cheio de violência, em que o mal banaliza-se, fico a imaginar, com enorme preocupação, qual será o futuro dela e de tantas crianças...

O que está acontecendo conosco? Que mundo criamos para nossos filhos e netos? Além do estrago que fizemos com o planeta, somos reféns do medo, numa sociedade em que os bandidos nos mantêm dentro de casas cercadas por muros altos e cercas elétricas.

Que valores estão norteando a vida de nossas crianças e de nossos jovens? Eles preferem um tênis novo, de marca, a um carinho nosso... Por isso temos que nos questionar, também, que tipo de jovens vamos deixar para o nosso planeta...

Sinto falta do mundo da minha infância, quando nossos pais colocavam cadeiras na rua para prosearem com os vizinhos, enquanto nós, os filhos, nos esbaldávamos de tanto brincar até a hora inflexivelmente marcada de ir para a cama.

Que saudade daquela vida simples em que podíamos ser tão felizes, sentindo-nos tão seguros, sob a vigilância amorosa e severa de nossos pais!

Gostaria que alguém pudesse me devolver esse tempo tão bonito, esse mundo em que havia confiança, solidariedade e amor.

Quantas noites viramos lendo romances de amor? Burlávamos a atenção de nossos pais apagando a luz cada vez que levantavam. Entretanto, se nos pegavam a ler, vinha a ordem peremptória e estraga-prazer: "Menina, apague a luz! Vá dormir! Está em fase de crescimento!"

É com uma identificação absoluta que leio a frase de Arnaldo Jabor:

> *Vamos voltar a ser "gente". Voltar a mostrar indignação diante da falta de ética, de moral, de respeito... Construir um mundo melhor, mais justo, mais humano, onde as pessoas respeitem as pessoas. Utopia? Quem sabe? Precisamos tentar... Nossos filhos merecem e nossos netos nos agradecerão.*

Então? Não é necessário que a educação torne-se um processo de alquimia? E a quem cabe esse trabalho?

–Capítulo X–

A CELEBRAÇÃO DA VIDA

O homem é um ser lúdico, por natureza. Ele foge a tudo que não lhe dá prazer.

Como a curiosidade também é própria da natureza humana, aprender, descobrir, deveriam sempre ser atividades que dessem ao homem, em qualquer fase de sua vida, enorme prazer.

A sala de aula deve ser, naturalmente, um espaço de descoberta e de alegria. Cada fase do desenvolvimento vai, com espontaneidade, transformando-se em outra, com novas descobertas, novas perguntas, novos interesses e novas invenções.

O saber já adquirido vai crescendo e transformando-se pelo espírito inovador das novas gerações. Assim, não existe um homem, um saber ou um invento prontos e acabados.

Como a própria vida, tudo está em eterna mudança, em permanente transformação. Não pode, pois, também, existir a receita de uma educação acabada.

Se os alunos não se alegram com o que fazem na escola ou na sala de aula, algo está errado! Por que as crianças pequenas adoram ir para a escola, enquanto os maiores e os jovens só sonham com as férias?

Esse "peso do dever" que a criança enfrenta, mais tarde, quando entra no ensino fundamental, deve ter sido algo inventado por mentes que veem a vida como algo "sério" e "penoso", gente sisuda, sem paixão pela vida.

Vida é explosão, é alegria, movimento, canto, dança, mudança, amor. Claro que os percalços também estarão sempre presentes. Mas isso não lhe tira a beleza. E é essa noção que o educador, de verdade, deverá transmitir ao educando.

Araújo nos lembra:

> *Com a vibração do lúdico*
> *Revigora-se a educação*
> *Na folia do jogo, na fantasia*
> *Brota o prazer, a animação*
> *E nas proezas da alegria*
> *Vicejam mente e coração.*
>
> *A sala de aula deve ser*
> *Um espaço de celebração*
> *Onde os ritos de passagem*
> *Vão marcando cada lição*
> *Com o vigor da seiva da vida*
> *Em seus ciclos de renovação.*

Ainda hoje temos os nossos ritos de celebração: batizados, casamentos, festas de quinze anos etc. Entretanto, se a vida renova-se a cada amanhecer, por que não celebrá-la sempre?

Além dos saberes, temos o sagrado dever de mostrar ao aluno, seja qual for sua idade, a beleza da vida, que deve sempre ser celebrada.

O que é conhecimento? Conhecimento é o ato ou efeito de conhecer, realizado por meio da razão e/ou da experiência. Ato ou efeito de apreender intelectualmente, de perceber um fato ou uma verdade.

Conhecimento é algo novo que os estudantes precisam explorar e conhecer. E essa exploração é sempre interessante e lúdica.

O que constitui a essência do conhecimento? A essência do conhecimento é constituída pela junção coerente dos conhecimentos das diversas culturas e que serão estudadas por todos os alunos, e que irão habilitá-los a formar seu próprio discernimento. A aquisição do conhecimento é uma aventura e como toda aventura é algo fascinante. É é uma celebração constante da vida.

–Capítulo XI–

EDUCAÇÃO DO GARIMPAR

Se a vida em si já é tão bela, mais bonita haverá de tornar-se através do processo de apreensão do saber.

À medida que vamos caminhando e descobrindo coisas novas, vamos tecendo a "renda" da vida, com nossos erros, acertos, quedas, motivações, alegrias e dores.

E, nessa caminhada e nesse ato de rendar, vamos aprendendo como é importante o "fazer juntos", o "sentir juntos", o "dar as mãos". Na solidariedade e na fraternidade a vida torna-se mais leve, mais tranquila e prazerosa e os resultados do "fazer", do "saber", do "conviver" tornam a colheita mais rica e abundante.

O novo ser vai aprendendo naturalmente, com a própria convivência, que existem valores primordiais, fundamentais, eternos, que tornam a vida mais justa e solidária. E, assim, ainda criança, percebe que sem a ética não há como ter um mundo feliz, desenvolvido e justo para todos.

O indivíduo vai perdendo o egoísmo próprio dos primeiros anos e se religando a todos os seus semelhantes e a toda a natureza, da qual fazemos parte.

Educar não é apenas ensinar disciplinas, mas, principalmente, desenvolver as potencialidades do sentir, do criar, do imaginar, do inventar, do poetar. É fazer a caminhada ao lado do jovem ser.

Porém, por favor, não vamos cair no engano que tem arrasado a nossa educação: nada do que foi dito anula o fato de que a Escola tem a obrigação fundamental de promover a aprendizagem. Muitos pseudo-construtivistas imaginam que "construir o saber" é deixar o aluno sozinho, sem nenhuma instrução. O sentido da palavra construtivismo é: uma nova perspectiva, um novo conceito que dá ressignificado a coisas do passado.

O momento construtivista é aquele em que se sai de um determinado ponto insatisfatório e parte-se para outro, ousando e pensando em maneiras diferentes. Novas formas de viver, educar, transformar-se ao outro.

O indivíduo, antes de mais nada, deve apropriar-se do instrumental básico que lhe dará condições de prosseguir na jornada da profissionalização e do ato de "rendar" a vida.

Portanto, dominar a própria língua, compreendendo e discutindo as ideias de um texto e escrevendo com esmero; dominar o básico da Matemática, pensar com lógica, comparando, sintetizando, fazendo analogias; compreender as noções de tempo, espaço, reversibilidade etc. Devem ser ferramentas básicas que a escola tem a obrigação de dar a todos os indivíduos.

Finalizamos o capítulo com palavras do nosso guia:

Burilando a pérola do espírito
Deixando nossa águia voar
Ousando riscos, descobertas
Pra inventividade despontar
Instigados pelas interrogações
Movedoras do eterno garimpar.

Na trajetória do humano
Educar é rendar a vida
No cultivo da solidariedade

Fazendo da ética guarida
Regando a rosa da fraternidade
Religando a unidade perdida

Um método educacional focalizado nos Valores Humanos universais como a Verdade, a Retidão, a Paz, o Amor e a não-violência vai alcançar a nossa religação com todos os seres.

Sathya Sai Baba, um mestre oriental, diz:

> *Se houver retidão no coração, haverá beleza no caráter.*
> *Se houver beleza no caráter, haverá harmonia no lar.*
> *Se houver harmonia no lar, haverá ordem na nação.*
> *Quando houver ordem na nação, haverá paz no mundo.*

O método, a filosofia e a prática desse tipo de educação vem provocando verdadeiras revoluções onde são praticados. Sai Baba diz que o coração é a fonte da verdadeira educação. E sabemos que para atingirmos os nossos próprios corações e de nossos educandos temos que fazer uma grande jornada de garimpagem.

–Capítulo XII–

PEDAGOGIA DO AMOR

Num mundo caótico, marcado por profundas mudanças no plano econômico-social, ético-político, cultural e educacional, vivemos uma crise do processo civilizatório ao qual chamaria de "crise de identidade".

O autoconhecimento é o ponto de partida para outras análises mais profundas e amplas. Se eu não sei quem sou, na minha essência, o que quero, com que sonho, quais os meus projetos e metas, em que acredito, como posso tecer um projeto educacional?

Nossa sociedade está doente, pois é movida pela lei darwiniana dos mais fortes dominando os fracos, com a filosofia capitalista, induzindo-nos, cada vez mais, a uniformidade, ao consumismo, a competitividade.

Araújo pontua:

> *Em nossa sociedade prevalecem os modelos de atitudes e posturas mais estressantes, hostis e utilitárias através dos ritmos acelerados de produtividade e do consumo, que nos conduzem a atitudes mecânicas e tensas na corrida frenética pelo ter. Os alaridos externos dos sons dissonantes vão emudecendo os espaços internos, sufocando a gratuidade do silêncio, da calmaria, do remanso do ser. Destarte, prevalece a agonia das falas, a histeria dos barulhos ensurdecedores na "trovejância" de seus tons extravagantes (2002, p. 9).*

Se continuarmos por esse caminho, estaremos nos condenando à destruição, estaremos mergulhando num abismo apocalíptico, porque entre opressores e oprimidos não pode haver amor, mas apenas relacionamentos de interesses, de coisificação, de robotização e de ódio.

A miséria, a fome, as guerras são fruto dessa "doença" que tomou conta do mundo, a doença governada pela parte da base de nosso cérebro, que é o animal que apenas busca a sobrevivência (isto é, em nível humano, o dinheiro e o poder).

Até hoje o modelo cartesiano de busca do conhecimento ainda domina em nossa sociedade. Mas, exatamente por causa do sofrimento, todos os paradigmas desse modelo vão caindo por terra.

Começa o "despertar". O ser humano percebe que ele é algo além de matéria, que existe nele uma transcendentalidade, à qual não pode mais fugir.

A parte esquerda de nosso cérebro, exatamente o racional, o masculino, o pensamento lógico-matemático, vem, ao longo do tempo, sendo desenvolvido e predomina na busca do conhecimento. E o resultado aí está: alto desenvolvimento científico e tecnológico e essa sociedade doente, formada de indivíduos estressados e infelizes. Enquanto isso, o lado direito, "lócus" da intuição, do imaginário, da emoção, do simbólico, do feminino, ficou embotado.

Pouco a pouco, depois de uma série de descobertas da Física Quântica e do resgate das crenças milenares do Oriente, alguns homens vêm percebendo que só havendo sinergia entre esses lados de nosso cérebro, poderemos alcançar a tão almejada paz interior e coletiva.

Fazemos parte de um sistema. No universo tudo liga-se a tudo. Somente agora – esperamos que não seja tarde – estamos despertando para essa realidade, provada pela ciência e percebendo que degradando a natureza, estamos degradando a humanidade.

Voltando ao que comenta Araújo:

> No bojo da conflitividade suscitada pelas tensões dramáticas dessa crise que ameaça todo o crescimento planetário, foi surgindo, quase a fórceps, a consciência da necessidade premente de que ocorram mudanças radicais em relação a esses paradigmas que há pouco eram considerados como referências únicas e modelos uniformes de verdade na condução dos destinos da humanidade (2002, p. 24).

Hoje sabemos que um vulcão que entra em erupção no Japão influi em todas as forças telúricas da Terra. Os poluentes que sujam e contaminam nossa água e nosso ar vão provocando a morte lenta dos seres vivos e mudando o clima de todo o planeta.

É por questão de sobrevivência que o homem atual passa a preocupar-se com a ecologia e insiste em aprender técnicas novas que vão do plantio até a meditação, a fim de restaurar o equilíbrio de todos e de tudo.

É preciso, porém, ir mais além. Somos um projeto infinito, uma promessa de perfeição, um oceano de abundância e carência de amor.

O amor é a força coesiva do universo. Por isso, antes de pensarmos em uma educação nacional — que continua colonial no sentido de copiar modelos e tentar trasladar sistemas – temos de debruçar sobre nossa realidade, com a sinergia total de nosso cérebro, lembrando que, antes de mais nada, temos que educar pessoas e formar – não formatar – pessoas plenas.

Temos que desenvolver no educando sua inteireza, autoestima, para que toda sua potencialidade de pensar, amar e criar possa desabrochar. Somente uma pedagogia do amor será capaz de conseguir tal feito.

Estes são, pois, os grandes desafios para a Escola neste século: educar para conhecer, para fazer, para ser e conviver, sempre guiadora pelo amor maior.

Portanto, só uma educação transdisciplinar pode deixar de fragmentar o ser humano, desenvolvendo-lhe a plenitude e preparando-o para a construção de uma nova sociedade.

Temos sempre que nos lembrar:

> *A educação inspirada na abordagem transdisciplinar procura cuidar com afinco dos processos de condução, do modo e o jeito de caminhar que revelam-se no cultivo da sabedoria de como traçar os passos de cada caminhada, onde o aprender a aprender torna-se propósito fundamental. Aprender a sorver o saber temperado pelos sabores, odores e cores marcantes do vivido. Na busca do saber ser melhor de cada um para consigo mesmo e para com os outros.*

ARAÚJO, 2002, p. 37.

Reforçando sua fala, Basarab Nicolescu acrescenta: "A atitude transdisciplinar pressupõe tanto o pensamento como a experiência interior, tanto ciência como a consciência, tanto a efetividade como a atividade".

Tanto o capitalismo como o socialismo impostos são cruéis.

Somos, por natureza, seres amorosos, livres, democráticos. Qualquer aspecto diferente que se manifeste não é senão um desvio.

Temos, pois, que buscar um terceiro caminho e as mais antigas filosofias nos apontam que o caminho do meio é o caminho certo, o caminho da felicidade, da justiça, da fraternidade, do êxito, em todos os sentidos, do equilíbrio e equidade.

A paz, a gratidão, a esperança, a compaixão, a justiça, a liberdade, a solidariedade, a cooperação, têm uma única fonte: o amor.

Barbier (2003, p. 58) pontua que "quando vive um sentimento pelo caminho do coração, o ser humano torna-se uma pessoa ligada e ligante, necessariamente solidária a todos, em sua solicitude radical e inelutável".

Dessa forma, sugerimos que, primeiro, procuremos a nossa própria identidade. Depois, a identidade de cada semelhante que conosco convive, para atingirmos a identidade de país, de nação e, posteriormente, uma identidade educacional.

Sabemos que nosso povo possui uma alegria e uma criatividade infinitas. Espanta-nos o universo enorme de escritores, artistas, poetas, artesãos que as diversas subculturas brasileiras nos demonstram.

É hora, pois, de nos preocuparmos em amar o nosso país, não de uma maneira pueril, no sentido de ufanismo tolo, que continua criando barreiras, fronteiras e rivalidades.

Vamos procurar a visão holística da educação de nosso povo para compreendermos melhor como ser e estar no mundo.

Vamos valorizar tudo de bom que a mãe natureza nos deu e buscar uma convivência pacífica, de respeito e amor para com ela e nossos semelhantes.

Poder-se-ia pensar que essa é uma posição ingênua, mas lhes garanto ter os pés firmes na terra e conhecer muito bem a nossa realidade. Entretanto, também tenho asas. As utopias são salutares porque são elas que movem o mundo e promovem a evolução.

Diz Roberto Crema:

> *Religar conhecimento ao amor é o mais instigante desafio do momento. É esta a "metavirtude" que precisa orientar nossa sofisticada tecnociência. Como afirmou um sábio: "o amor é a tecnologia mais sofisticada de todos os universos!" ... Sem amor não é possível reinventar e reencantar nenhum mundo, nenhuma sala de aula... Nós precisamos da pedagogia do amor, porque essa é a primeira e a derradeira lição de uma escola transdisciplinar holística da existência. Somente no dia em que aprendermos a amar total e incondicionalmente é que receberemos um certificado de humanidade plena. Essa é a utopia humana e estamos aqui para fazê-la florescer... (2003).*

Voltando à professora Bárbara Bello Lopes, ela mostra-nos muito bem:

> *No processo criativo, a afetividade é a força que unifica, constrói, reconstrói novas formas de relacionamento e comunicação, podendo mudar paradigmas, experimentar novas atitudes, novas formas de ser e de viver com um novo olhar.*

Sócrates já dizia: "Encontro-me no conhecimento de uma única ciência: a do amor".

Uma reflexão pedagógica séria não pode deixar de levar em conta esse fator: aprende-se a amar sendo amado. O educador, pois, tem que, acima de tudo, ser um amante do ser humano e fazer com seu aluno um trabalho de "sedução", em seu melhor sentido.

TELES, 2002, p. 26.

–Capítulo XIII–

EDUCAÇÃO COMO
EXPANSÃO DA CONSCIÊNCIA

De acordo com o intelectual francês Edgar Morin, existem em nossos sistemas educacionais setes buracos negros, pois faltam os saberes básicos: o conhecimento, o conhecimento pertinente, a identidade humana, a compreensão humana, a incerteza, a condição planetária, e a antropoética. Em sua opinião, esses saberes são completamente ignorados, subestimados ou fragmentados nos programas educativos, e devem ser colocados no centro das preocupações sobre a formação dos jovens, futuros cidadãos.

Uma educação verdadeira tem que considerar as necessidades dos alunos e sua realidade, em primeiro lugar. E deve ser consistente e precisa na condução das ações educativas. Dentro, porém, das possibilidades efetivas da escola.

Em educação, é necessário, sempre, definir objetivos didáticos simples e compreendidos por todos e estabelecer critérios bem definidos de avaliação e os instrumentos específicos para esse fim. É importante, também, fazer acompanhamento sistemático do desempenho dos educandos e prever atenção especial para aqueles que, porventura, não estejam avançando. Para estabelecer uma educação transdisciplinar é preciso mobilização de todo o corpo de magistério de uma escola.

Segundo Célestin Freinet, ser um educador humanista é ter a capacidade de desenvolver toda a potencialidade do educando, como já colocamos, sempre levando em conta a ética. Para ele o educando é visto como um ser autônomo e que tem a capacidade de escolher, de acordo com seu interesse, as atividades que vão ser desenvolvidas para promoção da aprendizagem. Deve-se dar ao aluno a oportunidade de raciocinar e criticar sobre tudo aquilo que lhe é proposto. O educando deve, sempre, ser respeitado e valorizado. Os indivíduos que desenvolvem-se sob essa pedagogia, são muito mais criativos e ousados. Podemos dizer que esse tipo de educação é a verdadeira educação democrática.

A pedagogia de que estamos falando vai criar cidadãos e cidadãs livres e críticos, prontos para apropriar-se da vida por completo e assimilar a cultura e a cidadania. Essa pedagogia, que podemos chamar de pedagogia do amor, é a postura de uma escola democrática, pluralista, aberta, crítica e sensível. Deverá libertar o educando do preconceito, da ignorância, da alienação.

Voltando a Freinet, ele não considera educador aquele que não é fiel às suas tradições, sendo, ao mesmo tempo, crítico, liberal, virtuoso, espontâneo e autêntico. Ainda mais: deverá permitir que o aluno tenha a opção de criar sua própria identidade e fazer seu projeto de vida. O educador deverá, também, ter uma visão emancipada sobre todos os problemas socioculturais. Dessa forma, o educador poderá ser um agente transformador. Ele deverá criar na escola um clima de confiança, diálogo, respeito, tolerância, zelo, liberdade, compromisso e responsabilidade.

E o que diz o professor Araújo?

A educação é uma travessia
Que conduz a novos lugares
Nos desafios e investigações
Que abrem novos caminhares
Expandindo as consciências
Na pluralidade dos olhares.

Voltando à professora Bárbara Bello Lopes, ela diz:

Estamos, sem dúvida, indo ao encontro de uma nova forma de percepção, porém, ainda estamos sob a égide do sistema disciplinar, que é disjuntivo, e consolidado no mundo ocidental moderno, através do paradigma da racionalidade científica, pautado nas ideias de René Descartes, fragmentando a noção de Arte/Ciência, Logos/Eros, Corpo/Espírito, Razão/Emoção... Decompondo os objetos e fenômenos a serem estudados. Esta de composição, ao mesmo tempo em que permite um conhecimento maior das partes, entendendo suas peculiaridades, também provoca uma redução do real, perdendo a visão do todo, da complexidade das relações e de seus diversos contextos, levando o próprio homem, agora fragmentado e reduzido, a alienar-se de si mesmo. Sem a compreensão de si mesmo, o homem não pode compreender o outro nem seu entorno, gerando um empobrecimento das relações entre os sujeitos, semeando barbáries.

Revista Fuxico, n. 16, p. 4, UEFS, 2009.

Consciência, responsabilidade e honestidade são os instrumentos que a educação deve inculcar nos educandos para viver-se bondosamente, cooperativamente e em paz.

–Capítulo XIV–

ESCUTANDO O EDUCANDO

Em seu livro "Os sentidos da sensibilidade – sua fruição no fenômeno de educar", o professor Dr. Miguel Almir Araújo fez um estudo interessantíssimo na "escutatória", como diria Rubem Alves, de seus alunos.

Suas aulas costumam ser uma "festa", pois ele é um apaixonado pela educação. Assim, usa de muitas dinâmicas, vivências, atividades teórico-vivenciais que interpenetram a corporeidade, o imaginário e a racionalidade e que levam o aluno a amar suas disciplinas (não esquecendo e nem minimizando sua alta competência...). Suas técnicas fazem toda a diferença com relação às aulas de muitos de seus colegas.

Isso também acontecia comigo, como já me referi em capítulo anterior.

E eu, também, sempre procurei escutar meus alunos na descrição que faziam do que sentiam em minhas aulas e nas aulas de outros colegas que adotavam outras técnicas de ensino-aprendizagem. E tudo aquilo que eu colhi nesse trabalho de minha própria escuta coincide perfeitamente com os elementos que meu colega pôde constatar num trabalho mais disciplinado, tecnológico e científico que o meu.

Gostaria, aqui, para ajudar o educador em sua práxis, de fazer um levantamento de tudo que os alunos demonstraram, para ele e para mim, do gostar ou não na prática pedagógica.

Então vejamos, em primeiro lugar, o que eles apreciam:

1. uma bela emoção
2. o despertar da própria humanidade
3. a autodescoberta e o autoconhecimento
4. compreender melhor a si mesmo e ao outro
5. conseguir olhar o outro
6. tecer redes de simpatia
7. ambiente educativo mais leve e agradável
8. admirar melhor a natureza e a vida
9. momentos de encantamento
10. a atividade vivencial
11. descoberta da plasticidade e vivacidade do corpo e das potencialidades criantes do imaginário
12. aprender a admirar a beleza
13. interação entre corpo, mente e espírito
14. celebração da vida
15. incrementar atividades com textos poéticos, músicas, danças e dramatizações
16. brincadeiras, jogos, expressão corporal
17. aprender a evitar os preconceitos
18. mais liberdade em sala de aula
19. mais aproximação com o professor
20. oportunidade de expressar os sentimentos

O que os alunos não gostam:

1. professores duros e secos
2. matéria passada de forma fria e sem vida
3. falta de compromisso e sensibilidade do professor
4. falta de criatividade e dinamismo do professor
5. professor que acha que a única coisa importante é o conteúdo
6. preconceitos do professor
7. professor que não sabe lidar com suas próprias emoções
8. práticas educativas mecânicas
9. o estado de conformismo do professor em apenas cumprir regras
10. divisão do saber em disciplinas
11. a mecanização e reprodução
12. falta de valorização dos sentimentos
13. fomentação da competitividade
14. aulas desmotivadas
15. ausência de interação
16. aulas frias e repetitivas
17. sala de aula como um lugar chato e cansativo
18. falta de ética, sensibilidade, afetividade, interação e compreensão
19. professor fechado e recalcado
20. superlotação das salas

O mais interessante é a conclusão a que os alunos chegaram com relação às técnicas que valorizavam a questão da sensibilidade. Vejamos: eles disseram que essas técnicas desenvolvem a interatividade, levam à humanização, a aprender a viver, à descoberta das potencialidades, aflora a consciência, forma um ser mais feliz, desenvolve a autoestima, torna-os mais abertos ao novo, fazem predominar a paixão de criar, fortalecem a solidariedade, o amor, a simpatia, a compreensão e o prazer de celebrar a vida.

Resumindo, como afirmou uma aluna, essa nova forma de educar "torna os indivíduos mais críticos, sensíveis e humanos".

Qual a conclusão que podemos tirar de tudo isso? As vozes dos estudantes vêm reforçar todo o discurso que estamos procurando desenvolver.

Concluindo, voltamos a reforçar nossa tese com palavras do professor Araújo:

> *Educar traduz-se na busca intensiva do cuidado com os valores humanos; proporciona processos de autoconhecimento, de autoeducação, de "autoaprendência"; impele a expressão livre e fluente dos sentires e pensares; das "coaprendências" do "estar-sendo-no-mundo-com-os-outros"; do cuidado com a simpatia e a empatia que aproximam e entrelaçam no compartilhar as expressões mais intensas do existir, do coexistir e que nos fraterniza; suscita a expressão da imaginação criante, do pensamento inventivo (2008, p. 186).*

> *Escutando sempre o aluno, ele o respeita, acompanha sua fala a partir do que escuta. Se o aluno é escutado, ele pensa, age, ama e aprende a tornar-se mais humano, compreensivo, harmonioso, amoroso e bondoso.*

TELES, 2002, p. 60.

–Capítulo XV–

O PAPEL DOS ALUNOS

Seria uma injustiça de minha parte lançar todo o fracasso da educação sobre os pobres dos professores e sobre o governo.

Nos dias que vivemos, devemos nos lembrar que aquela base de toda a educação que deveria começar na família não mais existe, com raríssimas exceções.

O que acontece? Em primeiro lugar, a família de outrora, aquela do nosso tempo de criança, adolescente, juventude, a família que ainda existia nos anos 1960 desapareceu, está em completa extinção. Um grande número de famílias não tem a figura paterna: ou são filhos de "produção independente", ou os pais são separados e, muitas vezes, cada um tem uma nova família. Sabemos que o número de famílias em que a mãe é a figura central e a provedora cresce cada vez mais.

Quando a família ainda é formada por pais e filhos, os pais, muitas vezes, não têm tempo algum para ao menos trocar algumas palavras com os filhos por serem absorvidos totalmente por suas profissões. Portanto, as crianças e os jovens vivem muitas vezes sem um norte e sem valores básicos.

Como poderíamos imaginar que esses jovens e crianças se comportariam na escola? Criados sem nenhuma disciplina e noção de respeito, levam para o espaço escolar todos os seus problemas. E o professor que mal tem o preparo para lecionar sua disciplina, deverá fazer o papel dos pais, sendo "psicólogo", "orientador educacional e pedagógico", "enfermeiro", "assistente social" etc. Deverá dar noções de ética, cidadania, higiene, saúde, educação sexual. Todos acham que é demais para quem ganha tão pouco. E como contestar essa dura realidade?

Não podemos fazer a roda da história voltar atrás. Qual a solução? Eu não tenho nenhuma fórmula pronta para dar a alguém. Só acho que a sociedade precisa repensar a questão da família e que a escola não consegue desempenhar tantos papéis, ao mesmo tempo, sozinha.

Os nossos educandos não têm o hábito de estudo. Antes, os pais marcavam quanto tempo os filhos deveriam estudar em casa, antes de os liberarem para brincar. Eles não desenvolvem a capacidade de concentração. Como em casa ou na rua, sem nenhuma orientação, estão sempre com a atenção voltada para mil coisas ao mesmo tempo, não conseguem a quietude, o silêncio, a organização, o tempo e a concentração necessários para se estudar. E somente as aulas mal dadas não são o suficiente para formar um cidadão e um profissional de qualidade.

E não estou tocando nos problemas de ordem psicológica, mental e social, que os alunos levam para dentro da sala de aula.

Como pensam que pode ser a cabecinha de uma criança criada por uma mãe que raramente o vê, um pai amoroso, mas adúltero, que tem fora outros relacionamentos, assim como acontece com a própria mãe?

Que tipo de família é essa? Não estou fazendo nenhum juízo de valor. Quero apenas levantar um problema real que é da família e da sociedade, mas que vai estourar nas mãos dos professores.

Em toda minha vida, jamais tive problema de disciplina em sala de aula, mas tenho pena dos professores que, hoje, têm, muitas vezes, que lidar com verdadeiros "delinquentes".

Precisamos encontrar caminhos que permitam aos pais serem felizes e realizados, sem prejudicarem os seus filhos. Todos sabem que, na educação de filhos, o que importa não é quantidade, mas qualidade. Mãe e pai podem não estar em casa com o filho, mas têm várias maneiras de fazerem-se presentes.

O vínculo pai-filho, mãe-filho é para sempre, não podemos nos esquecer. Outra coisa mais do que comprovada: a criança precisa tanto do pai como da mãe. Pais são um referencial para toda a vida. E não se enganem: nenhum professor, por melhor que seja e mais bem preparado, jamais poderá substituir os pais.

–CAPÍTULO XVI–

PROJETO POLÍTICO-EDUCACIONAL

O sistema educacional brasileiro desmantelou-se de forma tal que seria necessário, praticamente, partir do nada para edificar um novo sistema realmente eficiente e justo, juntamente com uma nova sociedade em que se priorize o ser humano e a educação.

TELES, Maria Luiza, 2008, p. 52.

As mazelas da educação brasileira são bem antigas. Em que avançamos, realmente? Temos, hoje, menos crianças e jovens fora da escola. Entretanto, como uma cidade que cresce, ou incha, sem infraestrutura, com o nosso sistema educacional vem acontecendo o mesmo, sendo que atualmente temos uma educação pública de péssima qualidade. Aliás, por que um vestibular diferente para os alunos egressos da escola pública? Exatamente porque o governo reconhece que esta não é de boa qualidade e o indivíduo advindo dela não pode concorrer com alunos egressos de escolas particulares. Isso resolve o problema? Todos são iguais perante a lei e todos têm direito a uma educação de alta qualidade. Ou não?...

Os jovens continuam chegando às Faculdades sem saber pensar, expressar-se, sem compreender um texto e, até mesmo, sem saber escrever. Continua o velho problema da evasão e da falta de qualidade do material humano e físico.

Aumentam os professores com cursos de aperfeiçoamento, especialização, mestrado e doutorado. No entanto, sua ação pedagógica continua de baixo nível. Sua formação, com raríssimas exceções, continua deixando a desejar. Por quê? O que está errado?

Como consultora editorial na área de educação e orientadora de monografias, dissertações e teses, posso constatar o despreparo daqueles que estão por formar-se ou já se formaram.

Em cursos de pós-graduação lato sensu e de normal superior, em módulos, consigo ver de perto a ignorância que grassa por esse país. Indivíduos desse nível são incapazes de compreender um vocabulário um pouco mais erudito. Alguns nunca chegaram a ler um único livro na vida. Alguém, já formado em curso superior, chegou a confessar-me que detesta leitura e que jamais lera um livro. Gostaria de saber se alguém pode evoluir, estar atualizado e ser competente em sua área se não gosta de ler...

E ai do professor que usa uma figura da mitologia grega, por exemplo, ou cita algum filósofo ou poeta... Nunca ouviram falar e nos condenam por usar uma linguagem "inadequada"...

Em curso de pós-graduação em Filosofia, numa turma com quarenta alunos-mestres não encontrei um único que conhecesse a vida de Giordano Bruno.

Se o sistema continua assim, quando o Brasil será uma grande nação? Grande nação sem grandes homens? Deitado eternamente em berço esplêndido que a natureza lhe deu e deixando-se espoliar e ser roubado até em suas grandes cabeças?

É preciso uma reforma séria na educação, uma verdadeira revolução, como já dissemos em nossa obra "Educação, a revolução necessária". Chega de palavras vazias, de encontros, fóruns, congressos, debates que acabam em belas palavras que não se concretizam jamais. É preciso partir para a ação. É verdade que em alguns lugares, pouquíssimos grupos isolados dedicam-se a um trabalho sério, honesto e idealista. Mas, isso é uma exceção.

No geral, temos uma educação sucateada, sem verbas adequadas e sem aplicação racional, sem ser prioridade em programas de governo, enfim, uma educação que, em grande parte, forma cidadãos, poderíamos dizer, de forma simbólica, de segunda categoria.

Menos da metade dos 34 milhões de alunos que entram no ensino fundamental chegarão ao término do curso, destes apenas 100 mil completarão sem repetência e, como já disse, com dificuldade de assimilação e interpretação de textos.

97% de crianças, mesmo na escola, são uma massa de excluídos, como disse Viviane Sena (Revista Veja, n. 1919-2, agosto/2006), porque eles não estão aprendendo, ou seja, é uma inclusão pela metade. O aluno sai despreparado para o mercado de trabalho e para a vida.

O que nossas escolas estão realmente ensinando melhor aos nossos alunos? Em minha opinião, estão ensinando:

- a não pensarem por si;
- a não serem autênticos;

- a se extraviarem dos caminhos que sonhavam para si, na época fértil e fantasiosa da infância;
- a perderem a confiança em si próprios.

Não basta que as políticas públicas garantam a sobrevivência do indivíduo. Somente a educação, e uma educação de qualidade, pode desenvolver-lhes os potenciais e fazer deles seres plenos, cidadãos com autonomia, condições de viver, criar, inventar, crescer.

Temos que priorizar a educação, valorizar o professor, formando-o melhor, pagando-lhe mais para que ele possa, constantemente, estar reciclando-se através dos livros, dos cursos e da internet. Temos que nos lembrar que tudo isso tem um custo e que somente um professor bem pago tem condições de ter acesso a essas fontes de informações.

Somente uma educação plena, séria, bem planejada, bem sedimentada, com bons educadores poderá transformar o povo brasileiro em verdadeiros cidadãos, com noções de boas maneiras, respeito, cuidadosos consigo mesmos e com o patrimônio público, conscienciosos de seus direitos e deveres, éticos e com condições de escolher bem os seus governantes.

Mil vezes temos que continuar repetindo que a escola deve ser alegre e gostosa. Deve ser um lugar onde os educandos vivam plenamente e desenvolvam-se, com prazer, em todos os sentidos.

Sou absolutamente contra cotas para negros e índios e vagas para quem vem de escolas públicas. Em primeiro lugar, esse sistema que pretende acabar com a discriminação, torna-se bastante discriminatório. Quem é realmente negro? Qual o critério de raça em nosso país? Por que colocar essa questão quando todos pertencemos a uma única raça, a humana, e somos iguais perante a lei? E por que vagas para quem vem de escolas públicas? Vamos continuar aceitando a dura realidade de que o ensino público é ruim?

A solução é escola para todos, qualidade para todos, oportunidades para todos.

O critério para entrar na universidade deve ser o de capacitação, competência, e, se todos têm a mesma oportunidade, as chances são iguais. Bolsas para os pobres, inteligentes, estudiosos e que deverão, durante o curso, manter as boas notas. Isso significa investir em material humano que trará retorno para a sociedade.

Estabelecer igualdade com base na cor da pele? Todos sabem que a raiz do problema é bem outra. Se melhorassem de fato as condições de trabalho do ensino de primeiro e segundo graus na rede pública, ninguém estaria pleiteando esse absurdo. Afinal, o Brasil é assim: um país de mestiços. A nossa mestiçagem aconteceu. A Constituição determina que todos são iguais perante a Lei, sem distinção de nenhuma natureza! Portanto, não é apenas a minha opinião de ser contra cotas, é o fato de que é inconstitucional querer separar brasileiros pela cor da pele. Isso é racismo! E racismo é crime inafiançável e imprescritível.

Nunca a educação dos mais pobres caiu a um nível tão baixo. Achar que os únicos prejudicados por essa visão populista do processo educativo são os negros é uma farsa. Não é verdade! Todos os pobres são prejudicados. E quem quiser sanar essa injustiça deve pensar na população pobre do país, não na cor da pele dos alunos. É preciso investir, de verdade, no ensino público básico. Melhorar o nível do Magistério. Retornar aos cursos normais. Pagar de forma justa aos professores, de acordo com o grau de dificuldades reais que eles têm de enfrentar para dar as suas aulas.

Se desejamos que os alunos pobres, de todos os matizes, disputem em condições de igualdade com os ricos, é necessário melhorar a qualidade do ensino público!

> *Recuperar o papel da Escola não deve significar, entretanto, uma ruptura completa com o passado, pois nada se constrói sobre o nada. O passado deve estar vivo como lição, mostrando os erros e acertos. Uma coisa é certa: sabemos que ela deve superar seu caráter de instituição a serviço das classes dominantes e construir o saber, como um caminho para a liberdade, a realização, a igualdade e a justiça. Devemos reviver o passado, refazendo e reconstruindo (ibid., 2008, p. 56).*

> *Ao planejar a nossa educação, ao legislar, não podemos perder de vista que estamos pensando a educação para o hoje e o amanhã. Precisamos pensar na qualidade a uma educação que ainda tem muito a avançar em quantidade e estrutura (ibid., 2008, p. 58).*

Gostaria de lembrar, também, que a universidade não é o único caminho. É preciso acabar com a desvalorização do trabalho feito com as mãos. Todo trabalho é digno e salutar. Assim, devemos mostrar aos educandos que ninguém é obrigado a gostar de estudar. Vamos expor a eles as mais diversas opções: o que é ser pedreiro, eletricista, artesão, Metalúrgico. Há muitos médicos, engenheiros, advogados etc., completamente frustrados porque queriam ser artistas, bailarinos, artesãos, músicos e seus pais lhes podaram essas vocações porque o *status* é ser doutor.

Conheço um caso de um jovem, hoje maduro, filho de médicos, que desejava fazer teatro. Seus pais ficaram indignados. Não poderiam aceitar aquela opção que, provavelmente, faria o filho "passar fome" e não lhe daria uma posição consoante como a deles. Pois bem, o rapaz foi fazer engenharia e, quando formou-se, entregou o diploma para os pais e lhes disse: "Não é o que queriam? Aí está". Depois desse dia, enclausurou-se no quarto e passou a viver dopado de medicamentos, mergulhado numa profunda depressão.

Encontramo-nos, não somente com relação à educação, mas como sociedade, em geral, em uma esquina. Uma "esquina civilizatória", conforme lembra tão bem o professor Cristovam Buarque. Essa esquina civilizatória "identifica uma sociedade insustentável, em rota de colisão, que obrigará a escolher novos rumos para a humanidade" (BUARQUE, Cristovam, 1989). Essa mudança não tem uma só via, mas, sem dúvida, passa necessariamente pela educação.

Araújo lembra:

> *A educação inspirada na abordagem transdisciplinar procura cuidar com afinco dos processos de condução, do modo e do jeito de caminhar que revelam-se no cultivo da sabedoria do como traçar os passos de cada caminhada, onde o aprender a aprender torna-se propósito fundamental. Aprender a sorver o saber, temperado pelos*

sabores, odores e cores marcantes do vivido, na busca do saber ser melhor de cada um para consigo mesmo e para com os outros (...).

Funda-se nos valores da inclusividade, da amorosidade, do respeito as diversidades, da interdependência, da tolerância, da ética, da solidariedade, da busca da imagem grega do kalokagathos – da relação interiorizada do bem e do belo (2003, pp. 25-37).

Nos dias de hoje aumenta a perplexidade de pais e educadores que fazem todos a mesma pergunta: onde falhamos? Que erros estamos cometendo? Para onde caminhamos como espécie humana?

Agora temos que nos lembrar para que tipo de sociedade vamos educar nossas crianças e nossos jovens. Para essa sociedade cujo pilar é um individualismo avassalador? Onde a competitividade, o acúmulo de bens materiais e a ostentação predominam em detrimento do amor, da fraternidade, da solidariedade e do compartilhar? Essa sociedade que cultua um padrão de beleza e incentiva o consumismo desenfreado e irresponsável? Sociedade essa que nunca tem recursos financeiros para promover a saúde, a educação, aplacar a fome e acabar com a miséria, mas gasta milhões fazendo guerras e proselitismo?

Acredito que qualquer que seja o projeto político--educacional que programarmos para o nosso país deverá, em primeiro lugar, ter o objetivo de resgatar nossa humanidade perdida.

Leonardo Boff, no Fórum Social Mundial, ocorrido em 2009, na cidade de Belém, do Pará, lembrou-nos com sábia pertinência que "além da crise financeira, nos deparamos com a crise ambiental. A falta de solidariedade que impera nas nossas relações sociais e a falta de solidariedade com a Natureza" jogou-nos no caos em que vivemos.

"O atual modelo econômico fracassou contra a própria humanidade e contra o planeta. O bem-estar de todos e a preservação da Terra são sacrificados ao lucro de poucos. O consumo inconsequente aumentou o desperdício, a produção de lixo e os impactos ambientais. (...) Precisamos de um novo paradigma de civilização porque o atual chegou ao seu fim e exauriu suas possibilidades. (...) Devemos lançar um novo olhar sobre a realidade, adotar um paradigma de relacionamento com todos os seres. (...) O desafio do tempo presente é o de resgatar utopias esquecidas, reescrevendo o nosso sonho comum. Um outro mundo é possível.

Alguém duvida? Eu não.

Mais uma vez, lembrando o Professor Araújo:

> *A aventura de estar no mundo descortina-se do extraordinário alçar voos pelos flancos inventando o impossível. O possível já existe, já está posto. Precisamos ousar o que ainda não existe, o que pode vir a ser, a tornar-se, a rebelar-se. Viver é tornar-se na dinâmica do estar em trânsito. Nossas mães nos partejam uma vez. Cabe a nós nos repararmos, na intensidade pulsional de cada vivência, no tremor de cada vicissitude, nas entranhas de cada novo amanhecer, no amanhecer de cada ventura. Se não renascemos, nos emboloramos e nos empacamos. Os limites e obstáculos que surgem são apenas desafios que interpelam nossa sensibilidade e imaginação criantes para as possiblidades dos deslimites, para a invenção de outras trajetórias, de novos sentidos (2008).*

Ao traçar novos rumos para a educação, temos que levar em conta tudo isso.

Diz Roberto Crema:

> *Gosto de confiar que estamos despertando para essa premente necessidade, através do paradigma emergente, que é trans-disciplinar holístico, postulando o diálogo aberto e sinérgico entre a ciência, a filosofia, a arte e a tradição espiritual. Quando uma espécie encontra-se ameaçada em sua perpetuação, mecanismos intrínsecos, biológicos, da sua inteligência são acionados e um novo paradigma é concebido e desenvolvido, num processo orgânico e vital. É o que está acontecendo na minha percepção, em meio à agonia de um modelo racionalista e objetivista, esgotado e decadente. Trata-se de conservar o positivo da razão crítica e da ciência contemporânea, ousando abrir novos horizontes, rumo à integração dos aspectos reprimidos e negligenciados, para que transcorra uma sinergia de renovação. Entre os dois hemisférios cerebrais há uma ponte de milhões de neurônios, denominada de corpo caloso. Eis uma simbólica formidável aliança, entre o Ocidente e o Oriente, entre o masculino e a feminino, entre a razão e o coração, a sensação e a intuição, o profano e o sagrado, a matéria e a Luz. Consciente dessa solução criativa, Carl Sagan afirmava que o futuro da humanidade depende do corpo caloso (2003).*

Tudo isso deve ser pensado ao elaborar novos rumos para a educação. A Pedagogia da Transgressão será a educação dessa nova sociedade que temos de construir.

A pedagogia de que estamos falando vai criar indivíduos livres e críticos, prontos para apropriar-se da vida por completo e assimilar a cultura e a cidadania. Essa pedagogia é a postura de uma escola democrática, pluralista, aberta, crítica e sensível. Deverá libertar o educando do preconceito, da ignorância, da alienação.

O desafio de construir um mundo com rosto mais humano cabe à educação. E essa educação deverá ensinar aos jovens o desafio de conectarem-se com o seu mundo e com seus projetos. O desafio de conseguir uma educação integral e integradora cabe, antes de tudo, ao próprio governo.

Outra coisa a ser lembrada é que cada realidade necessita de um sistema apropriado. O universal deverá sempre ser comum, mas as peculiaridades de cada cultura exigem sistemas diferentes.

Mudar o cenário atual é possível e depende do esforço de todos e de cada um. Passar da educação que temos para a educação que queremos depende, fundamentalmente, de uma nova atitude e de conquistas do dia a dia por parte de alunos, professores, pais, cidadãos e governo.

Atualmente, considera-se a educação um dos setores mais importantes para o desenvolvimento de uma nação. É através da produção de conhecimentos que um país cresce, aumentando sua renda e a qualidade de vida das pessoas. Embora o Brasil tenha avançado nesse campo nas últimas décadas, ainda há muito para ser feito. A escola ou a faculdade tornaram-se locais de grande importância para a ascensão social e muitas famílias têm investido muito nesse setor.

Reforma séria não se faz desembainhando a espada e aos brados, mas sim com sentido claro de direção e com persistência e obstinação. Dessa maneira a educação vira a plataforma que o país necessita para dar saltos em qualidade, transformando o processo educativo, em alicerce para uma sociedade pós-industrial, onde os serviços do conhecimento serão cada vez mais exigidos. Acesso, equidade e qualidade terão que ser a base do sistema, permitindo o domínio das tecnologias, e da ciência, criando condições para que os conhecimentos, e as novas ideias saiam do papel e criem uma nova realidade, sem jamais, porém, esquecer o cuidado com o ser.

Nesse novo mundo é preciso tratar os cidadãos como parceiros para que haja um crescimento econômico sustentável e ocorra melhoria social.

Hannah Arendt, ao apontar aquilo que ela determina como a crise da educação mundial, destaca: "Uma crise só se torna um desastre, quando respondemos a ela com juízos pré-formados, isto é, com preconceitos".

Não podemos pensar a educação usando o velho discurso de como o que já está concebido possa ser mais bem aplicado. Temos que partir para aquilo que possa ser determinantemente novo.

Se pensarmos na educação como sendo a condição do novo dada pela tecnologia e não a partir do indivíduo, pois o destino desse já está determinado como uma engrenagem que movimenta a máquina, estaremos desumanizando a educação.

O mercado é cruel e não vê o ser humano como tal, mas apenas como o elemento produtor e consumidor. Não nos enganemos: a preocupação das empresas em fazer dinâmicas de grupo com seus funcionários, em promover cursos de relações humanas, introduzindo métodos de relaxamento para diminuir o estresse etc., tem um único propósito: deixar o empregado em condições de render mais para aumentar o lucro.

Nós, educadores, não podemos permitir que essa sociedade gananciosa seja o parâmetro para as políticas educacionais.

Na sociedade em que vivemos a formação do indivíduo está pensada para a finalidade do mercado produtivo e não de auxiliá-lo a desenvolver suas potencialidades para pensar e fazer suas escolhas.

É evidente que a capacitação técnica é necessária, pois não há como dessa se eximir, já que estamos inseridos nesse modelo; entretanto, precisamos discutir o conceito de educação utilizado em nosso país. Qual sua real finalidade? O que realmente queremos da educação? Que tipo de cidadão pretendemos formar?

Se a educação é intrinsecamente ligada à sociedade e se essa é uma sociedade doente, que projeto podemos planejar para ela? Essa é uma séria preocupação que me consome.

Em geral, as crises financeiras – como a que está ocorrendo atualmente – propiciam oportunidades de mudanças. Entretanto, essas mudanças nos preocupam, pois em que sentido elas podem se dirigir? Tanto podem apontar no sentido da melhoria das condições de vida dos indivíduos, como aprofundar o abismo das desigualdades sociais, características da sociedade capitalista.

Nesse contexto, considerando o descaso histórico com a educação em nosso país, corremos o sério risco de cortes de verbas nessa área de importância estratégica para o projeto de desenvolvimento nacional.

A verdade é que, entra governo e sai governo, a educação no Brasil continua sendo negligenciada e não é priorizada. Segundo o estudo da Organização para a Cooperação e Desenvolvimento Econômico (OCDE) direcionado para o setor, o Education at a Glance 2007, o Brasil é um dos países que menos investe na área.

Temos que entender que educação é prioridade sempre. A educação é fator estratégico para um projeto de desenvolvimento social. Não podemos admitir, pois, que seus recursos sejam diminuídos. É claro que existe solução para a educação brasileira, desde que todos unam-se tendo em vista a mesma meta. Não vou ficar aqui malhando em ferro frio, lembrando as medidas que já temos sugerido em outras obras. Qualquer bom educador de visão sabe o que é necessário e importante para que tenhamos um sistema educacional de primeira qualidade.

De qualquer forma é bom lembrar que para uma mudança real na educação é preciso, antes de tudo, ter um Projeto Educacional, que inclui: aumento de verba (sempre é possível, quando não há desvio e sim uma boa distribuição, priorizando esse setor importantíssimo para o futuro do país, sem esquecer os demais); salários dignos para os professores; carreira do magistério: atualização constante, supervisão do trabalho realizado por eles (não pelos alunos, mas por outros profissionais capacitados); verificação constante do rendimento e aprendizagem dos alunos; planejamento; horário integral nas escolas públicas, com aulas de dança, música, canto, esportes, ioga, teatro, artes plásticas, história da Literatura e da Arte; merenda escolar supervisionada por nutricionista. Aí sim teremos uma educação pública de qualidade. Saindo dela o aluno concorrerá em igualdade de condições com aqueles advindos de escolas particulares.

Esse projeto é uma revolução, mas sem a coragem para fazê-la, continuaremos a engatinhar.

–Capítulo XVII–

SOLUÇÕES

Será que existe uma solução para toda a problemática apresentada? Claro que sim! E o que venho dizendo com o aval de grandes pensadores? É exatamente mostrando os problemas e apresentando soluções.

Vejamos a palavra de uma grande educadora:

> *Falar de educação, no Brasil sem cair na dicotomia entre "mal" ou "bem" pode parecer complicado, mas sem desmerecer os trabalhos existentes e em andamento, que apontam os problemas, gostaria de apontar minhas próprias ideias sobre educação. A primeira delas, vamos aqui de maneira mais clara deixar notório que a educação brasileira tem muitos problemas, sim, mas também tem muitos aspectos positivos.*
> *Ao invés de procurar culpados, vamos, pois, em busca de soluções. Listar problemas sem apresentar soluções têm sido prática frequente de muitos analistas e pesquisadores, infelizmente.*
> *Vamos lembrar aqui um ponto que procuramos ressaltar em toda a nossa obra: é fato que os professores ganham "mal", em sua maioria, mas mesmo ganhando mal há muitos que fazem ótimos trabalhos. Entretanto, a tendência de querer de toda forma ajustar o educando ao meio, sem levá-lo a refletir e analisar criticamente sua realidade social (VIANA, 1988), tem se mostrado uma prática pedagógica frequente de algumas instituições e, certamente, é fator que contribui para esses resultados negativos*

SAMPAIO, Jurema. Revista Next-Brasil, n. 1. Dezembro, 2003, pp. 114-121. Rio de Janeiro: Next-Brasil, 2003.

Por que as nossas escolas, em todos os níveis, têm defasagens, e não cumprem a função de educar? Será que é só das escolas essa função? Aliás, qual é a função da escola? Aqui não podemos deixar de abandonar a linguagem poética e falarmos como técnicos no assunto. Segundo Domenico de Masi, em entrevista "A função da escola é, primordialmente, preparar para a vida", estimulando os alunos a "pensar por meio de atividades, onde estejam presentes os vários aspectos da vida: estudo, trabalho, lazer etc." (MOREIRA, 1999). Nesse sentido, será mesmo que nossas escolas, nos diversos níveis, estão dando uma educação adequada?

Devemos lembrar-nos que os estudantes costumam questionar a utilidade prática do que aprendem na escola, porém basear currículos em ensinamentos técnicos somente, sem abordagens humanísticas, não resolve problema algum.

Temos mostrado a preocupação com a interdisciplinaridade e com a contextualização dos conteúdos curriculares educacionais e com a formação do cidadão. Notadamente, em sua essência, a Lei de Diretrizes e Bases (LDB, 1996) da educação brasileira busca exatamente combinar o desenvolvimento de conhecimentos práticos, junto com o desenvolvimento de conhecimentos teóricos, que atendam às necessidades de formação de cultura geral e de visão de mundo, através da proposição do desenvolvimento de competências e habilidades individuais que tenham serventia para a vida.

O desenvolvimento do pensamento reflexivo, como estamos pontuando sempre, é um dos principais responsáveis pelo desenvolvimento da cidadania e é nesses pontos principais que a educação apoia-se.

A dificuldade cada vez maior das famílias em assumir sua responsabilidade, intransferível, na educação e encaminhamento dos filhos é um fator relevante numa avaliação da educação. Educação é responsabilidade do Estado, mas em primeiro lugar, da Família. Isso parece ter sido esquecido e é um dos motivos da indisciplina na escola e da dificuldade dos educadores em lidarem com os alunos. Como cobrar da escola uma educação que o educando deveria ter "trazido de casa", como a formação mínima, de estrutura de relacionamento, e o respeito às normas e limites?

> *Como requerer da escola essa função? Infelizmente não há receitas para isso e limites são um dos aspectos da educação, somente. Mas há necessidade de esclarecer responsabilidades. Culpar a escola como responsável pela qualidade ruim dos resultados acadêmico-educacionais dos alunos é, no mínimo, agir como avestruz, repassando, sem assumir, culpas que na verdade são de todos.*
>
> SAMPAIO, 2003.

Outra questão a ser lembrada é que se o professor por não ter uma formação adequada desconhece muitos meios de procurar melhorar a si próprio e melhorar o ensino. Estamos falando daquele professor que realmente "gosta" do que faz.

Em entrevista à Revista Nova Escola o professor e pesquisador espanhol Fernando Hernández declarou:

> *O Brasil é um dos países do mundo que eu conheço em que os educadores vibram mais. Eles são apaixonados, preocupados,*

comprometidos. Esse é um capital que o país tem e não pode ser desperdiçado. Outra questão interessante é que o professor tem desejo de aprender e vontade de se comprometer com sua aprendizagem. Eu conheço poucos em outros países que não têm dinheiro e mesmo assim reúnem-se em grupo para comprar um livro e aprender conjuntamente. Isso é maravilhoso.

(MARANGON, 2002).

Voltando à questão primordial, onde estariam as soluções para a educação brasileira?

A busca por uma educação mais eficiente deverá passar pela definição de metas globais e procurar manter uma regionalização de planos e aplicações. Assim, atendendo às necessidades regionais, as chances de realização de trabalhos mais coerentes.

Não pretendo nenhuma crítica à metodologia de projetos em si, mas, muito pelo contrário, esta configura-se uma proposta de reflexão dedicada sobre essa prática educacional como verdadeiramente útil aos encaminhamentos que a LDB pretende para a educação.

Antes de mais nada, é necessário que os pedagogos de gabinete façam projetos para a educação que atendam às soluções adequadas a cada desafio.

Hernández lembra que para trabalhar por projetos, é necessário definir e tornar público o tema, estabelecendo o quê e como se quer pesquisar; é importante entender que o professor também é um aprendiz, tanto dos conteúdos, quanto dos processos; deve-se questionar uma versão única da realidade e buscar diferentes relações possíveis entre os fatos; deve-se aprender a escutar os outros, valorizando o debate como forma de aprendizagem; deve-se procurar esclarecer que há várias formas de aprendizado e cada um pode e deve avaliar a forma como aprende; compreender que a organização curricular por disciplinas não é a única forma possível de organizar a educação; que todo aluno pode encontrar seu espaço e seu papel em um projeto que preveja a contemplação da diversidade do grupo e a contribuição de cada um e entender que o fazer, a atividade manual e a intuição também são importantes formas de aprendizagem (HERNÁNDEZ, F., & VENTURA, M., 1998).

É preciso que ao planejar qualquer projeto ele signifique uma abordagem nova do processo de aprendizagem e não se pode esquecer que a implementação de qualidade total em níveis administrativos de uma instituição não garante qualidade total em nível acadêmico.

Pesquisar, buscar, entender, estudar e mapear os problemas para desenvolvimento de propostas educacionais em sintonia com as reais necessidades do povo brasileiro: só assim vamos chegar a resultados significativos e soluções viáveis.

Não podemos negar que a situação da educação no Brasil apresentou melhorias na última década do século XX: houve queda substancial da taxa de analfabetismo e, ao mesmo tempo, aumento regular da escolaridade média e da frequência escolar.

É importante sabermos que existem quase 57 milhões de estudantes matriculados em todos os níveis de ensino. No entanto, esse número significa somente 1/3 dos brasileiros que frequentam diariamente a escola

Em 1992, o número de analfabetos correspondia a 16,4% da população. Esse índice caiu para 10,9% em 2002. Ou seja, um grande avanço, embora ainda haja muito a ser feito para a erradicação do analfabetismo no Brasil. Outro dado importante mostra que, em 2006, 97% das crianças de sete a quatorze anos frequentavam a escola. Mas, o analfabetismo funcional continua muito grande. Como professora durante muitos anos do primeiro ano de Faculdade posso afirmar que a grande maioria dos alunos chega até aí sem saber interpretar um texto.

É preciso que olhemos para a educação como um processo contínuo e eficaz. Tenhamos dessa maneira um ambiente favorável para que crianças e jovens possam estudar sem preocupação com a violência.

Por fim, que a educação brasileira tem solução, isso tem, e temos que acreditar e realizar isso, como costuma dizer o professor Alexandre Vieira, autor de vários artigos e publicações sobre o tema.

Lembremos que muitas das escolas estão em áreas consideradas perigosas, com salas lotadas, alunos sem nenhuma base familiar, com falta de professores. As escolas não têm uma equipe técnico-pedagógica completa, as salas de aula são, geralmente, quentes, há falta de inspetores, os alunos depredam as escolas, os professores têm pouco tempo para se encontrarem e planejarem uma ação conjunta, nem sempre a relação com a diretoria é boa. Como veem, além dos macros problemas há também os micros. Entretanto, com boa vontade do Governo e de todos tudo isso pode ter uma solução adequada.

Para a questão de despertar o interesse dos alunos e, ao mesmo tempo, resolver a questão de turmas lotadas e salas quentes sugiro, como apresento abaixo, que grupos diferentes trabalhem em projetos diferentes, fora da sala de aula.

Por intermédio de financiamentos de feiras de ciências, de abertura de bibliotecas em comunidades carentes e promoções culturais que estimulem o aluno a pesquisar, criar centros de treinamentos esportivos, diversificando a prática desportiva no país e contando com a iniciativa privada a promover olimpíadas, propaganda e congressos temos, também, caminhos para soluções. Outra solução é expandir a educação profissional.

A partir dos aspectos mencionados, percebemos que a educação no Brasil tem solução, desde que seja realizado um trabalho de comprometimento de todos os envolvidos na educação. Existem inúmeras fórmulas de realizarmos uma mudança no sistema de ensino brasileiro, mas somente funcionará, se olharmos para a educação como um processo contínuo e duradouro. Vamos fazer o levantamento de algumas soluções propostas de forma inclusiva:

• Em primeiro lugar, é preciso priorizar a educação no momento de planejar o orçamento da Nação, pois tudo que dissemos e mais outras coisas de que vamos falar aqui não são possíveis sem o aumento da verba para a educação. Sendo o Brasil o país que mais cobra impostos no mundo, não tem cabimento que a verba dedicada à educação seja tão baixa;

- "Como solucionar pontualmente um problema que é macroestrutural, global, de nível mundial?" A instituição encontra-se desvalorizada e, muitas vezes, desacreditada, por não conseguir mais atender às necessidades sociais. "Para manter-se viva, a escola precisa construir um conhecimento que tenha sentido para os alunos – e não apenas informação – proporcionando uma formação integral, de valores éticos" (LAMPERT, 2005, pp. 42-44);

- É preciso reaprender a pensar e a sentir. Desenvolver toda a potencialidade humana e, com o ser aberto à vida, percepção aguçada, sensações e emoções em ebulição, aprender a passar toda a tradição pelo crivo da razão e do coração e desenvolver, assim, o poder criativo que levará adiante a civilização, criando um mundo diferente, novo, justo e fraterno;

- Enquanto os espaços escolares não tornarem-se territórios vivos que fomentem e inspirem a imaginação criante, o espírito crítico e inventivo, a fruição da sensibilidade e dos valores humanos, não teremos uma escola de verdade, adaptada aos nossos dias;

- O grande desafio da educação hoje é, antes de mais nada, resgatar a nossa humanidade perdida, utopias esquecidas e levar o educando a sonhar com outro mundo que é possível. E, para isso, ela tem que transgredir o sistema social que, sorrateiramente, sutilmente, procura "escravizar" os indivíduos, levando-os a lambuzarem-se com as "belezas" da moda e do consumismo desenfreado. Dentro desse esquema de pensamento é preciso que a Filosofia e a Sociologia não sejam apenas disciplinas para "constar", com uma carga horária irrisória e entregue a professores que não tiveram a devida formação nas áreas. O que estamos assistindo são professores, principalmente formados em História, Geografia e Língua Portuguesa ou Literatura ocupando o lugar dos licenciados em Filosofia e Sociologia, quando não são outros licenciados quaisquer apenas para "preencherem" os parcos horários e "cumprirem" a lei. Acredito que licenciados em outros cursos poderiam até dar tais matérias, desde que tivessem cumprido pelo menos 120 horas destas disciplinas em seus cursos;

• A sala de aula deve ser, naturalmente, um espaço de descoberta e de alegria. Cada fase do desenvolvimento vai, com espontaneidade, transformando-se em outra, com novas descobertas, novas perguntas, novos interesses e novas invenções;

• É necessário que os alunos sejam levados a construírem projetos e neles engajarem-se. Exemplos: "O que fazer para que o ser humano aprenda, desde cedo, a preservar a biodiversidade e os ecossistemas?". Os alunos podem projetar maneiras de fazer com que a sociedade possa compreender que as plantas são importantes para o equilíbrio da vida no planeta. A flora brasileira, com cerca de 22.000 espécies de plantas, é, talvez, a mais rica do mundo. Aqui, também, os alunos podem ser levados a fazer um levantamento da flora regional; o que eles e a comunidade podem fazer para os sistemas de preservação, garantindo a subsistência dessa flora; podem, ainda, levantar as ameaças que ela sofre, assim como as estratégias para enfrentá--las. Outros projetos podem tratar de um levantamento dos costumes e das tradições regionais e o que é necessário fazer para preservá-los, assim como mostrar aquilo que não tem mais sentido na vida atual e as influências de outras culturas dentro dessas tradições e costumes; levantamento da cozinha regional e o melhor aproveitamento da própria flora dentro dela e de uma alimentação balanceada. E ainda podem mostrar o que fazer para desenvolver a formação de pesquisadores e técnicos nas diversas áreas, como produzir bonecos e fazer teatro com eles. Um projeto também interessante seria mostrar como trabalhar no processo de criação artística. Enfim, vários projetos podem levar o aluno a engajar-se na aprendizagem e sair para o campo. Isso aumentaria seu interesse pelas disciplinas e tornaria o ensino muito mais alegre e motivado;

• Lembrar que a escola tem que ir além de seus muros e que a comunidade deve envolver-se com os projetos desenvolvidos pelos alunos;

• Mais uma vez, quero lembrar que há necessidade de que a escola funcione em horário integral, tenha restaurante, biblioteca de qualidade, espaços para dança, esportes, teatro, serralheria, carpintaria, marcenaria, laboratórios, material para artes plásticas, assim como a música, o canto e a literatura;

• De acordo com o intelectual francês Edgar Morin, existem em nossos sistemas educacionais sete buracos negros, pois faltam os saberes básicos: o conhecimento, o conhecimento pertinente, a identidade humana, a compreensão humana, a incerteza, a condição planetária, e a antropoética. Seguindo seu pensamento, é fundamental que as disciplinas citadas acima sejam mais valorizadas, assim como outras que podem ajudar o aluno a compreender melhor os relacionamentos humanos, a ecologia, a política e a criação artística e tecnológica;

• Abrir mais Escolas Técnicas;

• Priorizando a educação, temos que valorizar o professor, formando-o melhor, pagando-lhe mais para que ele possa, constantemente, estar reciclando-se através dos livros, dos cursos e da internet. Temos que nos lembrar que tudo isso tem um custo e que somente um professor bem pago tem condições de ter acesso a essas fontes de informações;

• Economizar os gastos em propaganda, cortar as mordomias federais, estaduais e municipais. Acabemos com a corrupção e vamos investir nos professores e nas escolas públicas de ensino básico! Aí então veremos se o problema resolve-se ou não!

Finalizando:

A escola não deve ser um lugar de tortura física ou moral, mas um lugar de prazer e recreio, onde o educando sinta-se bem e o ensino seja divertido e prazeroso.
É a proposta de não destruir na criança a força, a esperança, o encantamento, o vigor, a criatividade, a curiosidade, a alegria. Uma educação em que crianças e jovens possam ser ouvidos, levados a pensar, cujos sentimentos sejam considerados importantes; em que a relação educador/educando seja permeada pela honestidade e sinceridade. É, pois, a proposta de uma educação que tem o compromisso primordial com a vida, que significa expansão infinita, mudança, transformação, crescimento.

TELES, 2008, pp. 60-61.

É desse princípio que deve partir a política educacional em nosso país.

Mas, antes de qualquer coisa, não se pode esquecer a estrutura física, pois em barracas, palafitas e outros tipos similares de escolas, sem saneamento básico, o aluno e o professor não podem se sentir bem para a grande e maravilhosa empreitada do "aprender a aprender".

Pensando de maneira mais profunda e extensa, podemos perceber que é preciso mudar a própria estrutura social, política e econômica para termos, enfim, uma educação de qualidade, que nos levará à uma melhor posição no IQH dentre os grandes países e à humanização plena do sujeito humano e da sociedade.

Concluindo, lembremo-nos de que, em primeiro lugar, (já batendo na velha tecla...) é preciso haver um projeto de Política Educacional.

REFERÊNCIAS BIBLIOGRÁFICAS E FONTES DE PESQUISA

ALVES, Rubem. *O Retorno e o terno*. Campinas. 7ª edição, Papirus, 1996.

_____. *Conversas com quem gosta de Educar*. São Paulo, 23ª edição, Cortez, 1989.

ARAÚJO, Miguel. *Laços de encruzilhada – Ensaios Transdisciplinares*. Feira de Santana, BA, UEFS, 2002.

_____. *Os Sentidos da sensibilidade – Sua fruição no fenômeno do educar*. Feira de Santana, BA, UEFS, 2008.

Cordel – *Educação: O Voo da Águia*. 2ª edição (edição do autor), Feira de Santana, BA, 2004.

BARBIER, René. *A escuta sensível na educação*. Cadernos ANPED. Porto Alegre: n. 05, set., pp. 187-216, 1993.

BERGSON, Henri. Cartas, conferências e outros escritos. Col. *Os Pensadores*, São Paulo, Cultrix, 1992.

BRASIL, Ministério da Educação – MEC. Lei de Diretrizes e Bases – LDB. Lei n. 9.394, de 20 de dezembro de 1996. (online) Arquivo capturado em 02 de dezembro de 2002. Disponível em: <www.mec.gov.br/home/ftp/LDB.doc>

CAPRA, Fritjof. *O Ponto de mutação*, São Paulo, 1982.

CARNEIRO, Roberto. Fundamentos da educação e da aprendizagem – *21 ensaios para o século 21*, pp. 147-150. Vila Nova de Gaia: Fundação Manuel Leão, 2001.

COSENZA, C. A. (Org.), (1985). "Um relato do estado atual da informática no ensino no Brasil". Ministério da Educação e Cultura; Fundação Centro Brasileiro de TV Educativa – Versão Preliminar. Brasília.

CREMA, Roberto. *Introdução a visão holística*. São Paulo, Summus Editorial, 1988.

_____. *Saúde e plenitude*. São Paulo, Summus Editorial, 1995.

CURY, Augusto. *O Vendedor de sonhos*. São Paulo, Editora Academia da Inteligência, 2008.

ERIBON, D. *Michel Foucault e seus contemporâneos*. Rio de Janeiro, Jorge Zahar, 1996, p. 244.

FERREIRA, Maria do Céu Carvalho. *Educação ambiental e sensibilização* – A alquimia da emoção. Edição própria, 1998.

FREIRE, Paulo. *Ação cultural para a liberdade*. Rio, Paz e Terra, 1996.

FREIRE, Alexandre. Publicações diversas em revistas, internet.

GALLO, S.; DANELON, M.; CORNELLI, G. (Orgs.). *Ensino de Filosofia: teoria e prática*. Ijuí. Editora UNIJUÍ, 2004.

GRALDELLI JÚNIOR, P., A filosofia contemporânea e a formação do professor: o *"aufklärer* moderno" e o "liberal ironista". *Perspectiva*: Revista do Centro de Ciências da Educação. Florianópolis, ano 14, n. 25, jan./jun. 1996.

_____. *Para ler Richard Rorty e sua Filosofia da Educação*. Filosofia, sociedade e educação. Marília, ano I, n. 1, 1997.

_____. *Filosofia da Educação*. Rio de Janeiro: DP&A, 2001.

GOLEMAN, Daniel. *Inteligência emocional*. 14ª edição. Rio, Objetiva, 1995.

GONÇALVES, M. A. S. *Teoria da ação comunicativa de Habermas*: possibilidade de uma ação educativa de cunho interdisciplinar na escola. Educação & sociedade. Campinas, ano 20, n. 66, pp. 125-140, abr. 1999.

HERNÁNDEZ, F. *Cultura visual, mudança educativa e projeto de trabalho*. Trad. Jussara Haubert Rodrigues. Porto Alegre: Artes Médicas, 2000.

_____. *Transgressão e mudança na educação* – Os projetos de trabalho. Porto Alegre: Artmed, 1998.

HERNÁNDEZ, F., & VENTURA, M., "A organização do currículo por projetos de trabalho". Em: *O conhecimento é um caleidoscópio*. Porto Alegre: Artes Médicas, 1998 (5ª edição).

HABERMAS, J., *O discurso filosófico da modernidade*. Lisboa: Publicações Dom Quixote, 1990. p. 350.

_____. *Modernidade: um projeto inacabado*. Em: ARANTES, O. B. F.; ARANTES, P. E. (Orgs.). *Um ponto cego no projeto moderno de Jürgen Habermas*. São Paulo: Brasiliense, 1992.

HEIDEGGER, Martin. *Carta SOBRE O HUMANISMO*. Lisboa: Guimarães, 1987.

_____. *Ser e tempo*. Petrópolis, Vozes, 1997.

KECHIKIAN, A. *Os filósofos e a educação*. Lisboa: Edições Colibri, 1993.

KHRISNAMURTI. *A Educação e o significado da vida*. 14ª edição. São Paulo, Cultrix, 1994.

_____. *O mistério da compreensão*. São Paulo, Cultrix, 1993.

LOPES, Bárbara Bello. *O olhar poliocular para a compreensão complexa do ser*. Em: Revista Fuxico. Feira de Santana, Ba. UEFS, n. 16, Novembro de 2009 a março de 2010.

MARANGON, C., Entrevista com Fernando Hernández. Pesquisar para aprender. Educador espanhol explica como trabalhar a aprendizagem utilizando projetos. Revista Nova Escola, n. 154, agosto de 2002. (online) Arquivo capturado em 02 de dezembro de 2002. Disponível em:

<www.uol.com.br/novaescola/ed/154_ago02/html/repcapa_qdo_hernandez.htm>.

MARQUES, M. O., *Os paradigmas da educação*. Revista Brasileira de Estudos Pedagógicos. Brasília, vol. 73, n. 175, set./dez. 1992.

MARKERT, W., *Ciência da educação: entre modernidade e modernismo.* Revista Brasileira de Estudos Pedagógicos. Brasília, v. 67, n. 5, maio/ago. 1986.

MEDEIROS, M. F., Eixos emergentes na proposta habermasiana e a possibilidade da ação pedagógica crítica e reflexiva. *Educação e Filosofia.* Uberlândia, v. 8, n. 15, jan./jun. 1994.

MORAES, M. C. M., Os "pós-ismos" e outras querelas ideológicas. *Perspectiva*: Revista do Centro de Ciências da Educação.

MORAES, Maria Cândida. *O paradigma educacional emergente.* Campinas, Papirus, 1997.

MOREIRA, M. N. "Escola não valoriza a criatividade" Entrevista com Domenico de Masi. Jornal O Dia, de 08 junho de 1999.

MORIN, Edgar. *Os sete saberes necessários à educação do futuro.* Boletim da SEMTEC. Brasília, ano 1, n. 4, 2000.

_____. *O paradigma perdido*: a natureza Humana. Lisboa.

NARANJO, Cláudio. *Cambiar la Educación para Cambiar el Mundo.* Vitoria-Gastiez (España). Ed. la Llave, 2005.

NICOLESCU, Basarab. *O Manifesto da Transdisciplinaridade.* São Paulo, Triom, 1999.

ÖERGEN, P. L. *A crítica da modernidade e a educação. Proposições.* Campinas, vol.7, n. 2 (20), jul. 1996.

_____. *Pós-modernidade, ética e educação.* São Paulo: Autores Associados, 2001 (Col. Polêmica de nosso tempo).

ORTIZ-OSÉS, Andrés. *Visiones Del Mundo*: Interpretaciones del Sentido. Bilbao: Univ. Deusto, 1995.

RORTY, R. Habermas e Lyotard: quanto à pós-modernidade. Em: *Ensaios sobre Heidegger e outros: escritos filosóficos.* Vol. 2. Rio de Janeiro: Resume Dumará, 1999.

_____. Cosmopolitismo sem emancipação: uma resposta a Jean-François Lyotard. Em: *Objetivismo, relativismo e verdade: escritos filosóficos*. Vol. 1. 2ª edição. Rio de Janeiro: Resume Dumará, 2002.

SAMPAIO RALHA, J. L. F., "As novas tecnologias e o professor de Educação Artística". Atas do II Workshop sobre fatores Humanos em Sistemas Computacionais. IHC99, 18 de outubro de 1999. Categoria: Poster.

SILVA, T. T. da, O adeus à metanarrativas educacionais. Em: *O sujeito da educação: estudos foucaultianos*. 2ª edição. Petrópolis: Vozes, 1994.

TELES, Maria Luiza Silveira. *Educação – A revolução necessária*. 5ª edição, Petrópolis: Vozes, 2008.

_____. *Educação sem Fronteiras – Cuidando do ser*. Petrópolis, 2002.

USP. Prolam - Programa de Pós-Graduação em Integração da América Latina da Universidade de São Paulo. Objetivos e linhas de pesquisa (online). Arquivo capturado em 02 de dezembro de 2002. Disponível em <www.usp.br/prolam/objetivos.html>.

VEIGA-NETO, A. J., Michel Foucault e educação: há algo de novo sob o sol? Em: *Crítica pós-estruturalista e educação*. Porto Alegre: Sulina, 1995, pp. 9-56.

VIANA, Cleide Maria Q. Quixadá. *Orientação educacional: Críticas e perspectivas*. Dissertação de mestrado defendida na Universidade Federal do Ceará em 01 de dezembro de 1988. vol. 1, p. 119.

WEIL, Pierre. *A arte de viver em paz*. São Paulo, Gente, 1992.

_____. *A mudança do sentido e o sentido da mudança*. Rio, Rosa dos Tempos, 2000.

Esta obra foi composta em CTcP
Capa: Supremo 250 g – Miolo: Pólen Soft 80 g
Impressão e acabamento
Gráfica e Editora Santuário